재영이의 연도별 미국 이민 일기

내 영혼에 찾아온 햇빛

US Immigration Diary by Year

내 영혼에 찾아온 햇빛

재영이의 연도별 미국 이민일기

김재영 지음

아침향기

머리말

2019년 4월 여행할 때 발뒤꿈치 바닥이 아파 진통제를 먹어가며 고생스럽게 다녀왔다. 전에는 나도 운동을 꽤 하는 편이라 아픈 데가 하나도 없었다. 나 보다 어린 사람들이 여기저기 아프다고 할 때 이해를 못 하였다. 그 후 발목까지 아파 전문의에게 다녀봐도 큰 효과가 없어 답답하기만 하다.

그동안 노인대학에서 탁구를 배워 너무 즐겼었는데 그마저도 하지 못하여 앉아서 한지 공예를 하니 그런데로 재미있고 작품 만드는 재미에 푹 빠졌다.

그런데 11월 중순부터 3개월은 방학이라 무료하다. 또 여행도 일년에 두 번 정도 다녔었는데 발목이 아파 그것도 못 가고 집에 있으려니 마음도 울적하여진다. 점점 더 답답하여 생각해 낸 것이 이민 일기이다.

지난 30여 년 세금 보고를 위한 노트가 있는데 그해에 수입, 지출 특히 세금 공제액 등을 메모하면서 언제부터인가 날짜와 큰 이벤트 등을 적어 왔었다. 그것을 보면 아직 기억은 생생하여 온갖 추억들이 다 떠오른다. 그것을 토대로 이민일기를 손녀들에게 선물로 주고 싶은 마음이 들었다. 바로 그 때 코로나바이러스 감염병(Coronavirus Pandemic)이 온 세계를 강타했다. 나의 방콕 생활에 온 세계가 다 동참하는 희한한 일이 벌어져 더욱더 이 쓰기에 전념하고 뭔가 할 일이 생겨서 마음이 훨씬 업되고 즐거워졌다.

나의 손녀들이 할머니의 1973년 이후 이민 생활을 조금은 알아야 자기들이 지금 서 있는 자리가 어디서 온 것인지 알고, 모든 것에 감사할 줄 아는 그런 인생이 되었으면 하는 바램이다. 문학적이지도 못한 내가 있는 그대로 쓰는 것이다.

누구든지 이 글을 읽으시는 분들은 투박한 글이라도 이해를 바라며… 끝까지 읽어 주시기 바랍니다.

(실제 있던 날짜의 이야기를 지금 하는 것이기 때문에 간혹 혼동이 있을 수 있지만 그렇게 간주하여 이해 하시기 바랍니다.)

차 례

내 영혼에 찾아온 햇빛

제2부 더 넓은 세계를 여행으로 보았다   57

내 영혼에 찾아온 햇빛

부록/ 옛날 이야기들 **183**

PART 1

새로운 삶의
터 닦기

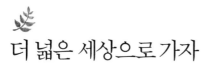

더 넓은 세상으로 가자

1973년 5월 12일

　내일이면 만 26살이 되는 생일 전날. 30살 된 남편과 막 돌 지난 딸과 셋이서 미국에 이민을 왔다. 뭐가 뭔지도 모르고 물론 그때 주위에서 많은 사람도 가고하여 그냥 우리도 더 넓은 세상으로 가보자 하는 마음으로 온 것이다.

　그때는 미국 한 번 가면 다시는 못 보는 것으로 알고 김포공항에 온 가족 친지들이 나와서 울고불고 헤어지는 시대였다. 우리들도 그렇게 하고 출국장에 들어갔더니 한 가지 미비점이 있어 어색하게 집으로 다시 돌아왔다. 처음에는 아기를 부모님께 맡겨두고 온다고 서류도 안 했다. 우리가 막상 떠날 때가 가까워지자 10개월 된 딸 여권 사진 찍고 급하게 수속을 하였더니 뭔가 빠트려서 그랬었나 보다. 다시 일 주일을 보내며 그때 마침 어린이 날을 기하여 집 가까운 곳에 어린이 대공원이 개장되었다. 그곳에 놀러가 아기 사진도 찍어주고 지내다 오늘 다시 출국하는 날이다.

　그때는 이민 바람이 불어 매일 비행기 승객이 거의 이민 행렬이었다. 많은 사람들이 비행기 값도 월부로 가던 때인데 그래도 현찰로

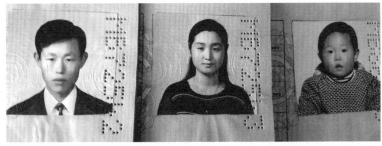

우리 세 식구 이민올 때 여권들이다. 우리 딸이 몇 년 전 이렇게 찍어서 페이스북에 냈었다. 말도 안 통하고 가족도 없는 곳으로 아이까지 데리고 왔다는 모험심 많은 부모가 믿기지 않고 자랑스럽다고…

샀다. 남은 돈 900불 중에 시누이가 그때 결혼 날짜를 잡았다고 하여 200불을 주었다. 쓰던 수저와 옷가지와 김 등 먹거리 등을 넣은 가방 2개에 현찰 700불이 전 재산이다.

처음 와서 남편 친구 집에 한 2주 정도 머물렀다. 냄비, 전기밥솥 등을 사고나니 단돈 몇 푼뿐이지만 걱정이 하나도 안된다. 그러다 LA 시내에 아파트를 얻었다. 일을 하며 시작한 새로운 세상, 고생 시작이다. 그래도 친구가 온다고 아기 침대, 유모차, 밥 먹는 의자 등 가구들을 모아 두었다 준 덕분에 결국에는 두 아이들이 그것으로 자랐다.

나는 처음 직장으로 양로원 보조가 되었다. 아침 일찍 아기를 맡기고 갔다. 다행히 바로 앞에 일본 할머니가 아기들을 보고 계셨다. 두 블록쯤 걸어가 버스를 타고 가는 거였다. LA 시내 옛날 부자 동네 집들이 앞마당들이 엄청 큰데 노인들이 잔디에 물을 주다가 내가 지

1973년 이민 와서 3~4개월 살던 첫번째 아파트. 아래는 상점.
우리 방은 빨간 트럭 윗쪽의 가운데 옛날식 복합주택이다.

두 블럭을 걸어 다니던 길. 47년만에 다시 가보니 그렇게 넓게 생각했던 앞마당이 이렇게 작
아졌다. 요즈음은 모두들 담과 문을 달아 놓고 살고 있다. 감회가 새롭다.

나가면 '하이! 굿 모닝' 하며 인사를 한다.

여기는 걸어 다니는 사람이 워낙 없으니 그분들이 정말 반가운 듯 인사를 해주신다. 그러나 나는 매일 벼르기만 하지 좀처럼 소리가 안 나온다. 그저 조금 웃는 얼굴로 손만 흔들고 목소리는 모기 소리 만큼뿐이다. 그때 느낀 것은 외국어는 그래도 숫기 좋고 배짱이 있는 사람들이 빨리 배운다고 터득했다. 나 역시 조금 살다보니 영어는 맞건 틀리건 자주 해 습관이 되어야 빨리 익히는 것이다.

이 세상에서 가장 맛있던 LA갈비

1973년 7월~9월 사이

양로원에 다니며 한국에서는 전혀 보지도 못했던 노인들의 생활이 신기하다. 아침이면 다 일어나 상 하의 색깔을 화사하게 맞춰 깨끗이 예쁘게 입는다. 걷지 못하는 사람은 휠체어에 다 앉혀 놓는다.

보조사 대부분이 흑인 여자들인데 얼마나 부지런하고 힘도 센지 메트리스도 훌떡 뒤집어 정리한다. 나는 그때 뭐가 뭔지도 모르고 일할 때인데 그런 힘든 일은 자기들이 다 하고 나는 불편한 사람 식사를 도와주는 일만 하였다. 말하기 좋아하는 할머니들을 도와줘 가며 우리 아기 이야기도 서툴게 해가면서 말 배우기 연습만 하였다.

그때 한 할머니에게 아기들에게 무엇을 먹이는 것이 좋은가 물어봤더니 그 할머니께서 코티지 치즈(Cottage cheese)에 통조림으로 된 부드러운 복숭아나 파인애플을 같이 먹이라고 한다. 나는 오늘날까지도 그것을 기억하고 써 먹는다. 그렇게 한두 달 다니니 우리옆에 사는 윤 씨라는 한국 아주머니의 제안에 귀가 솔깃했다. 그 고생하지 말고 집에서 아기 봐 가면서 바느질하면 돈을 더 벌게 해준다고.

그때 오후3 시에 일 끝나고 오는 길에 아이를 데려올 때 하루종일쓴 기저귀도 받아와 집에서 애벌 빨아 세탁 기계 있는 가게로 다니며 세탁을 했다. 아기하고 같이 걸어갈 때 가게마다 챠임벨이 있어사람이 들락거릴 때마다 소리가 난다. 우리 아기는 그것이 재미있어자꾸 가게를 들어가니 시간도 오래 걸리고 젖은빨래 들고 가는 것도무겁다. 얼마 지나서부터 집에서 세탁해서 옥상에 널으니 빨리 마르고 더 깨끗하고 기분도 상쾌해진다.

윤 씨 남편은 차가 있었으나 우리는 그때까지 차도 못 샀다. 남편은 그 사람 차를 얻어타고 3 명이 함께 일을 다녔다. 그들은 바로 일하는 옆에 또다른 일을 구해 3명이 투잡(Two job)을 뛰고 밤늦게 온다. 한 달도 안돼서 포기했지마는…

나는 그 부인 말대로 재봉틀을 사다 아기를 데리고 일을 했다. 그

러나 나 같은 초보자는 돈벌이는커녕 뜯는 시간이 더 많아 오히려
아기한테 짜증도 나고 감당이 안되어 2주도 못하고 재봉틀 팔아 버
리고 집어치웠다.

그때는 LA 갈비 컷도 없을때라 옆집 윤 씨 아주머니께서 통갈비
를 칼집 내어 양념해서 조개탄에 구워 먹었던 것이 아직도 이 세상
에서 제일 맛있는 갈비로 생각된다.

어린 딸을 데리고 일을 하다
1973년 9월

그때 마침 내 친구 하나가 LA에서 25마일 떨어진 병원에 다니고
있었는데 와보라고 한다. 인터뷰 가는 날 아기를 맡길 곳도 없어 데
리고 갔다. 인사과에 머리가 희끗희끗한 인자한 할머니 사무실에 들
어갔다. 우리 딸은 천장에서 바닥까지 한 벽면을 다 덮은 묵직한 커
튼이 신기하여 커튼 뒤에서 숨바꼭질하듯 깔깔대며 들락거리며 놀
잔다. 아기가 귀엽다고 그 인사과장 할머니는 아기하고 놀다가 나는
그냥 채용이란다. 그래서 이 아담한 병원에 보조간호사로 일을 시작
한 것이다. 이 나라는 보호자가 환자 간호를 못하게 되어있다. 예외

내 영혼에 찾아온 햇빛

73년 9월에 이사한 아파트와 병원 사진
밸리에 있는 병원에 취직하여 이사간 병원 바로 앞의 아파트.
병원에서 나와 직선으로 조금 걸어가는 거리인데 지금은 나무가 자라서 이층 창문을 가렸지
만 그 창가에 앉아 아기는 내가 걸어오는 것을 매일 기다렸었다.

ㄷ자의 아담한 병원에서 거의 6년을 일하며 미국생활을 시작한 것이 나에게는 큰 축복이었다.

는 가끔 있지만 가족이라도 꼭 정해진 시간에만 들어 올 수 있다. 또 간호사도 가족 앞에서는 의료행위를 하지않는 것이 보통이다.

병원 앞에 큰 아파트 단지가 있어 얻었다. 우연히 거실 넓은 창문이 병원 출입구에서 걸어오는 길이 직통으로 보이는 이층 방이다. 딸은 내가 걸어오는 것을 우윳병을 물고 창가에서 앉아 내다보다 나를 발견하면 좋아 팔짝팔짝 뛴다. 처음엔 아기 볼 사람이 없어서 내가 밤 당번 일을 시작하였다. 침대방에도 못 들어가고 거실 소파에서 반은 졸며 반은 아기 보며 지냈다. 아기가 잠을 잘 수 있게 내버려뒀다 하면 일거리를 저지른 것이다. 서랍의 국수란 국수를 온 집에 뿌려놓는다. 내가 일할 때 필요해서 거금주고 산 초침 손목시계를 변기에 넣고 흘려버리거나, 상에다 매니큐어를 엎질러 놓고 닦는다고 화장지를 온 테이블에 붙여둔다. 얼마 동안 우리 부부는 일하는 시간이 서로 맞지 않았다. 남편이 1시간 일찍 출근 후 내가 집에 올 때까지 아이는 혼자였다. 아이는 점점 키가 커져서 까치발을 들고 문을 열고 밖으로 나갔다. 이른 아침 잔디에 자동으로 물 주는 시간에 나가서 양말까지 달린 잠옷을 입은 채 물장구치고 놀고 있다. 지금 같았으면 경찰에 잡혀 감옥에 갈 수도 있었을 상황. 그때는 정말 법이 어떠했는지 알지도 못하던 때이다. 또 어느 여름날 내가 자다 너무 더워 깨보니 이제는 가스 스토브까지 네 군데를 다 틀어놓았다. 그 후 얼마동안 나는 밤에 일하다가 별안간 우리 아파트가 불난

내 영혼에 찾아온 햇빛

것 같아 그쪽을 내다보곤 하였다.

할 수 없이 아파트 단지 안에 어떤 남미 할머니에게 아기를 맡겼는데 말도 안 통하고 처음이니 우리 딸이 마냥 울기만 한다. 집에 와 자려고해도 나 역시 잘 수가 없었다. 서로 힘들었지만 그 할머니의 도움을 포기하고 잘 견디며 이럭저럭 살았다.

서툰 영어 때문에 겪은 해프닝
1974 이민 초기의 난센스(Nonsense) 이야기

이것은 내가 당한 일은 아니지만 어떤 간호사가 당한 일이라고 한다. 70년 초반에 한국에는 세븐 업이라는 음료수도 없었고 이름도 들어보지 못했다. 어느 환자가 자꾸 7-up(사이다 이름)을 달라고 하는데 도무지 알 수 없어서 침대 머리를 일곱 번 올렸다 내렸다 해 줬다는 웃지 못할 해프닝이 있었다고 했다.

나도 간호사(RN) 면허받고 처음 일할 때 경험한 몇 가지를 적어 봐야겠다.

외과 병동에서 일할 때인데 처음에 어느 환자가 하프와 하프(half & half)를 달라고 하는데 도무지 뭔지 감이 안 온다. 반과 반이라니.

근데 너무 바쁘고 더 달라는 소리가 없어 그냥 잊고 퇴근 하였는데 나중에 환자가 의사한테 일렀나 보다. 간호과에서 전화가 왔다. 다음날 일 들어가기 전 간호과에 들렀다 가라고. 그래 걱정이 되어 제대로 잠도 못 자고 가보니 위궤양 환자 식단표 프린트한 것을 주며 오히려 나에게 사과한다.

처음 오리엔테이션 받을 때 알려주지를 못했는데 위궤양 환자가 달라면 아무 때나 줘야한다고. 그때는 그것이 뭔지를 몰라 주지 못했는데… 지금은 내가 커피에 꼭 타 먹는 반은 크림, 반은 우유로 된 진한 우유인 것을… 그래서 자주 생각나는 잊지 못할 추억이다.

또 한번은 검고 흰 것(Black & White)을 달라고 하여 또 사람을 헷갈리게 만드는데 그래도 그때는 조금 환경에 익숙해질 때라 다른 사람에게 물어보았다. 하얀 위장약에 까만 Cascara라는 변비약을 섞어주는 것인데 요즈음은 쓰지도 않는 옛날 때 이야기다.

한 가지 더 있다. 이것은 너무 부끄러워 아직 아무에게도 하지 않은 이야기이다. 어느 날 Mrs. Balenski라는 나를 처음부터 오리엔테이션 시켜준 마음씨 착하고 상냥한 RN 하고 같이 일하는데 브레이크 타임(Break time) 갈 때 마약 캐비넷 열쇠를 서로 맡기고 간다. 근데 갔다 오더니 나에게 키스라고 하며 손을 벌린다. 그때만 해도 영어 발음의 길고 짧음의 다름을 분간 못했다. 이 여자가 왜 뽀뽀를 해달라나 당황하여 웃으며 허그(hug)를 해주고 생각하니 열쇠

(keys) 달라는 소리였다는 것을 뒤늦게 알아차리고 나 혼자 어색해 하던 일, 그 여자는 원래 허그(hug)도 잘하고 상냥한 사람이었으므 로 그 눈치도 못채었으리라 기대하면서도 평생 잊을 수가 없다.

한국 사람들이 제일 잘못하는 것이 R과 L 발음이다. 내가 CPR 클 래스(심폐소생술, RN이면 매년 해야 된다)에 가면 그 강의하는 사람이 나 를 놀린다. 거기서 쓰는 맥박(Pulse)이라는 소리를 나는 가방 (Purse)이라고 하는 것이다. 이 발음만 잘 하면 무조건 통과해 준다 고 나를 웃긴다.

언젠가 한국 가서 동해 바다 어느 식당에 라이스(Lice)라고 쓰여 있어 나도 속으로 웃었다. 진짜로는 라이스(Rice)라고, 밥이라고 써 야 하는데 '이' 라고 쓴 셈이다.

요즈음 젊은 세대는 이(Lice)가 무엇인지 모르리라. 발음 이야기 가 나온 김에 한마디 더, 여기서 태어나거나 교육을 받지 않는 이상 못 고치고 힘든 발음 -Wood-와 -Lyric-(노래가사)우리 아이들 이 매일 나를 놀려대던 단어인데 요즈음은 손녀들까지 내 발음을 고치려고 하여 웃긴다. 특히 안 사돈과 나, 둘을 앉혀놓고 하는짓이 다. 그럴 때 우리는 더 우스꽝스럽게 발음하여 애들을 웃음바다로 만든다.

영어 때문에 수난당한 조크

　유학생으로 온 남자한테 한국에서 고등학교 동창 친구 5명이 놀러 왔다. 귀국 전 날 특별히 양식을 먹겠다고 세계에서 제일 큰 체인 식당(McDonald)에 갔다.

　그 유학생이 메뉴판 사진을 보고 겨우 어렵게 주문을 하였더니 그 종업원이 "for here, to go?" 이렇게 물어보는 것이었다. 한국식으로 앞뒤 문장을 정식으로 다 말해야 알아들었을 텐데 여기서는 그렇게 간단히 말하는 식이 많다.

　"여기서 먹을 거냐 아니면 집에 가지고 갈 것이냐?"를 묻는 말을 이해를 못 하고 있는데 친구 하나가 "쟤가 뭐라는 거냐?" 하니까 넷은 여기 있고 둘은 집에 가래! "four here, two go"로 들은 것이다. 실제 있었을 법한 이야기이다.

　또 하나는 동네 친한 동료 간호사가 밤 당번을 하고 주말이라 아이들하고 온 식구가 외식하러 갔다. 비몽사몽으로 깨서 그때 이 동네 Bakers Square라는 대중식당에 가자는 것을 Let's go to Bakersfield(베이커스필드) 했다. 그곳은 LA에서 한두 시간 떨어진 아몬드 농장이 많은 곳이다. 그래서 식구들을 얼떨떨하게 했다. 미국식당에 뭘 주문하면 그 안에 골라야 할 것이 많다. 첫째 You Want Soup or

Salad? 물음에 Oh, yes. Super Salad. 라고 대답했다. 다음으로 고기 굽는 정도를 말하는 medium or well done 하니 "No large"라고 한다. 또 "tea 에 Lemon을 넣어줄까요?" 하니 "No Orange" 그리고 막상 음식이 나온 후 음료수 젓는 유리 대롱을 빨대인 줄 알고 아무리 빨아도 안 나와 보니… 그날은 건강에 좋다는 박장대소로 하루를 보냈다. 하하하 …

또 이 친구 딸이 어렸을 때 아빠가 하루 "머리 아파" 했더니 "아빠, 대가리 아파?" 하여서 "대가리가 뭐야? 머리라고 해야지." 그랬더니 "그럼 왜 생선은 대가리라고 그래?" 하더란다. 또 하나는 우리 조카 어렸을 때 봉제업을 하는 부모님을 도와주었는데 어느날 뉴욕 거래처 전화를 받고 "한국분이세요? 한다는 것이 "한국놈이세요? 하여 웃지도 울지도 못할 일이 생겨 버렸다.

공항 영접자

우리 아파트 옆 동이었지만 부엌이 서로 마주하고 있어 창문 열고 이야기도 할 정도의 거리였다. 그곳에 한국 처녀 4명이 자취생활을 하며 나와 같은 병원에서 일하였다. 둘은 우리하고 연결이 있는 아는 사람이었고, 다른 두 처녀는 여기서 처음 만난 사람이다. 그때는 목사님들이 한국에서 오는 비행기 시간에 맞춰 공항에 가서서 연고 없이 오는 사람들을 맞이하여 여러 편리와 도움을 주셨었다. 그 두 처녀가 그렇게 한 목사님 댁에 가서 자리 잡기까지 여러 가지 도움을 받았다. 근데 목사님은 아들 형제가 있는데 각각 여자 친구가 되었다. 한 처녀는 별문제가 없었는데 큰 아들의 여자 친구가 된 K양은 사실 한국에서 결혼 신고까지 해서 몇 개월 후면 남편이 오는 처지였다. 드디어 3, 4개월 후 남편이 왔다. 자기는 여럿이 자취하고 있어 오라고 할 수가 없으니 LA 시내에 하숙방을 얻어주고 못 오게 하였다. 남편 어머니는 웨딩드레스부터 옷 등 여자 선물을 바리바리 싸 보내셨다.

처음에는 멋모르고 다 같이 그 목사님 교회에도 다녔다. 청년들이 단체로 행동하니 모르다가 어느 날부터인가 남편이 눈치를 챘다. 그는 고속도로 운전을 못 할 때인데 로컬로 꽤 오래 걸리는 거리를 무작정 찾아와 여자를 괴롭게 하였다. 남편이 너무나 힘든 나머지 어느 날은 남친 자동차 엔진에 설탕을 넣어 몸싸움도 했다고 한다. 여자는 어떻게 해서든지 그와는 결말을 짓고 제자리로 가려고 마음먹고 있었다. 그 때 남편이 어느 날 한국 어머니에게 전화로 다 일러바쳐 이제는 끝이라고 생각하였단다.

그 남자는 너무나 분하여, 가지고 온 예쁜 옷, 웨딩드레스 등을 여자가 보는 앞에서 가위로 다 자르고 방 가운데 쌓아놓고 불 지른다고 협박하고, 목욕탕 물 받아놓고 으름장을 놓기도 하였다. 어떤 때는 무서워 우리를 부르려고 아무리 소리쳐도 반응이 없다고 섭섭해 한다. 여름 더운 날 커튼 내리고 에어컨 틀어 놓으면 들릴 리가 없다.

그러던 어느 날 아래층 매니저가 우리 집으로 뛰어 올라오며 블라 우스를 가져오란다.

일인즉 그날도 남자가 찾아와 집앞 길에서 마주쳤는데 여름철 얇 은 블라우스 하나만 입었는데 남자가 잡아당기니 다 벗겨졌다. 브래 지어 바람으로 매니저 사무실로 뛰어 들어갔다. 놀란 매니저가 경찰 부르고 우리 집에 연락한 것이었다. 경찰이 도망간 남자를 한 바퀴 찾아보고는 우리 남편에게 이것은 자기네가 소관할 문제가 아니라 고 말하면서 가버린다. 우리 남편이 중재하여 2년 후에나 나오는 영 주권을 내주는 것으로 하고 일을 끝냈다. 지금은 두 룸메이트가 서 로 동서가 되어 아들 딸 낳고 잘 살고 있다.

고마운 간호협회 덕분에 향수병을 달래며

1974년 3월 미국에 오면 간호사 면허 시험을 봐야 한다. 1969년 에 남가주 한인 간호사 협회가 설립되었다. 새로 이주한 많은 한인 간호사들의 등불 역할을 해준 고마운 단체이다.

　그때 벌써 간호대학 교수하시는 분도 계셔 시험공부도 시켜주고 시험정보도 얻을 수 있는 유일한 한인들만의 특권이었다. 한인 간호사들은 LA근교 롱비치에서 시험 보고 발표도 기다리지 않고 바로 좀 쉽다는 뉴멕시코(New Mexico)주에 가서 연달아 시험을 보았다.

　시험 둘째 날은 오전까지 시험을 보고 오후에는 간호협회에서 큰 버스를 대절하여 원주민 인디언들의 유적지와 사는 모습을 관광하였다. 아주 화사하고 청명한 날씨에 대지가 온통 푸릇푸릇한 새싹을 머금은 봄날이다. 허허벌판 광활한 대지 위에 또 다른 세상이 있었다. 도시하고는 너무 다른… 그때 다니면서 버스 안에서 다 함께 "나의 살던 고향은 꽃피는 산골 봉숭아꽃 살구꽃 아기 진달래…" 큰 소리로 노래를 부르던 추억. 그때 그 느낌은 다른 때보다 달랐었다. 고향을 그리워하며, 가족을 보고 싶어 하던 마음, 앞으로 미래에 대한 궁금증과 걱정 등등이 눈 앞에 아른거렸다.

　간호협회 덕분에 그렇게 한 것이 다들 성공이었다. 나 역시 임신 중 힘들게 갔다 왔지만, 그 덕분에 오늘이 있을 수 있게 된 것이다. 2019년 작년에 남가주 간호협회 50주년 행사를 새로 근사하게 지어 한국인들이 자랑스럽게 여기는 LA 시내 KAL 빌딩에서 성대히 치렀다. 고마운 남가주 간호협회. 이제는 세대가 바뀌어 새로운 젊은이들이 이어가고 있다. 앞으로의 무궁한 발전을 기원한다.

　　　　　　　　　　　　　　　　　　内 영혼에 찾아온 햇빛

25센트 비용으로 아들을 출산했다

1974년 7월 2일 7시 38분 아들 출산

병원에서 일하니 시간당 임금도 올라가고 너무 신났었다. 그런데 계획에 없던 임신이 되었다. 이 병원에서 일을 시작하기 바로 전에 임신이 된 것이다. 동료들이 보험이 안 될 거라고 그런다. 정식으로 부서에 가서 알아보지도 않고 미국에서 아기 낳으면 비싸다는 말에 열 달 내내 걱정만 하였다.

7월 10일이 예정일이다. 7월 1일부터 출산휴가를 신청하였는데 스케줄이 나온 것을 보니 1일까지 일하는 날로 되어있다. 그래, 하루 더 나간다고 어쩌랴 싶어 1일에 일을 나왔다. 근데 밤 근무를 마쳐갈즈음 아침7시 일 끝나기 2-3시간 전에 별안간 양수가 터졌다. 급한 마음에 옆 소아과 병동의 한국 간호사가 일하는 곳으로 달려갔다. 시집도 안 간 노처녀이었지만 가족 같은 느낌이니까…

급히 감독을 불러서 1층 산실로 감독의 에스코트 하에(?) 입원을 하였다. 사실 그때 차가 한 대 밖에 없어서 남편이 일간 사이 딸하고 단둘이 있다가 산통이 오면 아이 볼 사람도 없고 어떡하나 걱정이었는데 오히려 잘 된 일이다. 아침 5시경 입원하여 샤워하고 집에 전화하고 7시 38분에 아들을 낳았다. 같이 일하던 동료들조차 퇴근도 하기 전에 소식을 듣고 믿기지 않는다고 다녀간 사람도 있다.

그때 우리하고 부엌 창문을 마주한 아파트에 한국 처녀 네 명이 자취를 하고 있어 일 나올 때마다 미역국을 끓여 왔다. 그 덕분에 여기서 배급하는 입에 안 맞는 음식, 얼음물도 안 먹고 지낼 수 있었다. 퇴원할 때 남편이 계산하러 서무과에 갔더니 1불도 아닌 25전 전화 한 통화 값만 내란다!.

공연히 열 달 내내 돈 걱정하여 괜히 아들에게 미안하다. 지금은 나의 행복 바이러스 아들인데. 미안하다 아들아! 일 갔던 엄마가 며칠 만에 아기를 데려가니 한동안 우리 딸은 가서 여자아이로 바꿔오라고 졸라댄다.

아들 낳기 얼마 전 한 환자가 자기가 점쟁이라면서 일하는 사람들 점을 봐줬다. 그때 나는 아들을 낳고 면허 시험 후였는데 시험도 된다고 하길래 100% 믿지는 않아도 기분은 좋았다. 일단은 정말 아들을 낳았고 아들 낳고 출산휴가 동안에 면허도 나왔다.

한국에서는 첫딸 임신 7개월 때 일도 그만두고 집에 있는데도 다리도 붓고 임신중독이라 난산을 하였다. 처한 환경 때문인지 여기서는 마지막 순간까지 그렇게 일을 해도 다리도 안 붓고 너무 빨리 낳아 사람들이 그렇게 쉽게 낳으면 10명이라도 낳겠다고 하였다.

요즈음은 아기 낳으면 1년까지도 집에서 휴가 받아 쉬는데 나는 딱 한 달 쉬고 일을 나갔다. 집에 와서 고단해서 아기가 울어도 못깰까 봐 걱정이 많았었는데 깨기도 전 조금만 부스럭 거려도 발딱 깨지는 것이 이 자연의 섭리로구나 하고 느꼈다. 한국에서는 그런 것이 있는 줄도 몰랐는데 직장에서 아기 낳기 한두 달 전 베이비샤워를 해주었다. 그 인자한 감독 Mrs Graham 할머니가 손수 뜨개질로 짜준 아기 담요를 오래오래 간직하였었다.

이 병원에서 보조부터 일하여 자동으로 RN으로 채용이 되니 모든 것을 훨씬 쉽게 배웠다. 나중에 알았는데 많은 사람들이 이 계통 일을 하지 않다가 면허받은 후에 취직하기 힘들어 포기한 사람들도 많았단다.

40년이 지나도 잊을 수 없는 일

1974년 어느 날 RN으로 일한 지 얼마 안돼서 큰 경험을 하였다. 외과 병동에서 일할 때인데 외과 병동은 수술한 환자들에게 진통제 주사 주기에 바쁘다. 근데 한 보조간호사, 그녀는 아주 바짝 마른 흑인 여자아이인데 마약 진통제 주사를 훔치는 것을 내가 발견한 것이다. 그때는 일 회용 주사기가 큰 박스(Box)에 있으니 약 준비하는 방에 들어와 몇 개 주머니에 넣고 나가면 그만이다.

조금 일찍 출근하여 환자 카드를 보고 어느 환자가 그 약이 필요한 지 살핀 다음 자기가 두 방 Call bell을 한꺼번에 눌러 놓고 갔다 와서는 두 환자가 한꺼번에 진통제를 원한다고 한다. 그러면 바쁜 RN들은 한꺼번에 두 개를 준비하여 가져가 먼저 사람 주사 놓을 동안 테이블에 다음 것 올려놓고 뒤돌아 주사를 주는 동안 그 방 화장실에서 나오는 척하며 물 넣은 주사기와 바꿔치기 하는 수법이다.

내가 봤는데 내 가슴이 더 떨려 죽겠다. 그때 내가 병원 바로 앞 아파트에서 걸어 다닐 때였다. 그 애는 남자친구가 큰 구형 승용차로 데려다 주는데 매일 만난다. 그 이야기를 감독한테 했더니 여기는 모든 것이 서류상으로 되어 있어야 대응을 한다고 자세히 써내라는데, 나는 보복이 있을까 무서워 싫다고 했다. 그 애는 옷에도 항상 담배 꽁초로 탄 것 같은 구멍도 있고 말수도 없고 좀 이상하게 보였다.

내가 아들 낳을 때 처음 뛰어갔던 그 미스 신이 몇 년 전 한 30여 년 만에 전화가 왔다. 나중에 유학생 만나서 한국가서 산다는 이야기까지는 알고 있었지만 벌써 아들 둘 낳아 큰 아들이 의대를 들어갔다고 한다. 남편한테 특별 휴가를 받아 뉴욕 동생네 집엘 왔다고 한다. 생각이 나서 그 옛날 번호지만 혹시나 해서 한 번 돌려본 거란다.

73년 9월에 이사 와서 받은 번호를 그동안 이사 몇 번은 했었지만 계속 같은 번호를 40년 이상 가지고 있다. 우리 딸도 몇 년 전 한국

여름 캠프에서 만났던 독일교포 2세 친구도 연락이 되었다. 요즈음
에야 애들이 페이스북(Facebook)으로 연락이 다 되는 세상이 되었
으니 이것도 옛날 이야기다. 그래서 셀폰이 나온 후에도 오래오래
간직하고 있다가 2014년도에 결국 집 번호는 없애버렸다.

미국 시민권 축하 파티

1974년 내가 젊어서 그렇게 생각되었나? 여기 처음 병원에 취직
하여 첫인상은 젊은 간호사는 거의 없고 대부분이 다 아주머니 내
지, 머리가 하얀 할머니들이시다. 그때만 해도 다 인자하고 참을성
이 정말 많았다. 덕분에 우리가 다 잘 적응하고 이렇게 오늘날까지
지낸 것으로 감사하고 있다. 진짜 백인들은 참을성이 많고 굉장히
친절하다.

Mrs Morse라는 한 할머니 간호사는 한국에서 여자아이를 양녀로
데려와 행복하게 살고 있다고 하신다. 그녀는 얼마나 얘기하기를 좋
아하는지 따라다니며 이야기를 해준다. 그때는 내가 무척 어려 보였
는지 어떤 환자는 너는 18살 정도로 보이는데 어느 사이 간호사가
되었니 라고 묻는다.

처음 면허따고 일하려니 보통 어려운 게 아니었다. 의사의 전화도 받아야 되고 전화를 걸어야 되는 일도 많이 있다. 그중 성질이 급한 의사들은 잘못 알아들으면 딴사람 바꾸라고 소리친다. 같이 보조로 일했던 보조 간호사들 중 얄미운 것들은 그런 꼴을 보려고 일하다가도 스테이션으로 와 얼쩡거리며 살핀다.

그 와중에도 나는 너무 좋은 사람들을 많이 만나 친절하게 도와주고 자기 부서로 끌어준다. 처음에는 정해진 병동 없이 매일 여기저기 다니며 각 병동 일을 배우게끔 한다. 그러다 초창기에 중환자실로 채택이 되어 일을 시작하였다. 시작할 때 공부도 시켜주고 실기도 친절히 잘 가르쳐 주어 거의 40년을 중환자실 간호사로 일하면서 덕분에 편히 잘 지냈다.

중환자실은 한 간호사가 환자 하나 혹은 둘까지 맡는다. 다른 병동의 4~8명 환자 보다 오히려 편했다. 가끔은 예외도 있지마는…
그래서 중환자실 간호사는 병동 일하기를 싫어한다. 그 당시 한국의 Ratio에 비하면 천국이었다고 생각했다.

그중 Gwen이라는 간호사가 있다. 나보다 늦게 들어온 좀 젊은, 아니면 40대 중반이었다. 항상 속눈썹을 붙이고 손톱도 칠하고 획기적인 외모의 백인 간호사인데 성격이 아주 예민하여 나에게는 물론 동료들, 하물며 환자까지도 다 싫어했다. 나한테도 처음엔 못되게 하다 나중에는 아주 친절한 사람이 되었다.

1976년에 내가 시민권 받았다고 깜짝 파티를 열어 주었다. 우리 남편과 아이들도 전화로 약속하여 몰래 오게 하고 다른 병동 사람들도 같이 불러서 큰 미국 국기로 장식된 케이크를 가져와 축하해 주었다. 정말 깜짝쇼였다. 우리 딸은 아직도 그 케이크와 파티를 기억하고 있다. 그때 나는 아직도 버터를 많이 못먹어 영어가 서툴고 발음이 안좋다고 너스레를 떨었다.

X-Mas 때에는 간호사 이집 저집에서 파티를 하는데 나는 꼭 딸을 데리고 다녔다. 그때 우리 딸은 얼마나 말을 잘하였는지 오랜 시간이 흐른 후에도 그들은 나에게 묻는다. 네 딸 아직도 그렇게 말을 잘하는지? …

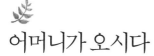

어머니가 오시다

**1976년 3월 우리 딸 아기 때 예방주사나
건강 검진하러 진료실에 가서 생긴 일.**

한국에서는 이민 대행업소에서 이름 번역을 해주는 데로 사용한다. 딸 이름이 애리인데 여권에 AH-RI라고 했다. 또 여기는 이름도 중간이름, 성으로 되어 있으니 자동으로 이름은 Ah, 중간이름Ri, 성이 Kim으로 되었다. 의사를 보러 가서 대기실에 있으면 간호사가 나와서 AH! 하고 한 마디 감탄사처럼 불러 웃지 못할 일이 생겼다. 나중에는 학교 갈 때 Elly 라고 영어 이름으로 바꿨지마는…

　아기하고 힘들게 살다 아들 한 살 반일 때 한국에서 친정어머니가 오셨다. 그래서 아파트 방 두 개 짜리로 이사를 했다. 엄마가 계시니 나는 일 갔다 와서 편히 쉴 수 있었다. 그때 같은 아파트에 인원이 엄마라고 하는 분이 살았는데 우리 엄마하고 친하게 지냈다. 그 분이 좀 극성스러웠다. 그때는 우리 엄마를 즐겁게 해주는 것이 봄에 고사리 따러 산에 가는 일, 여름에 바닷가에서 전복 따오고, 여느 여름날 해변가에 오징어 떼가 몰려 올라와 그것 잡으러 갔던 일이다. 우리 엄마는 욕심이 많아 전복을 캐오니 큰 대야에 하나 가득,나는 아기가 자고 있어 차에만 있는데도 오징어가 목욕탕으로 가득하다. 휴가 나온 두 군인이 잡아 놓고 못 가져 가는것까지 가져 왔단다.

　우리가 다닐 때만 해도 전복, 고사리는 얼마든지 가질 수 있는데 동양 사람들이 하도 많이 채취해가서 나중에는 제한이 생겼다. 인원이 엄마는 그 후에도 열심히 다니다가 언젠가는 감시원에게 걸려서 벌금을 톡톡히 내고서야 끝을 냈다.

　　　　　　　　　　　　　　　　　　　내 영혼에 찾아온 햇빛

양로원의
아름다운 사랑 이야기

1976년 가을

이때는 한국에서 엄마도 오셨고 아이들 걱정을 하지 않아도 되었다. 빨리 돈 모아 집을 사야지 하는 급한 마음에서 병원 며칠 쉬는 날은 양로원으로 저녁반 일을 다녔다. 처음에는 30여 명 약 주는 것도 머리에 쥐 날 정도로 힘들었다.

저녁 시간 전, 식사 후, 자기 전에 또 투약 시간이 있고 사이사이 진통제 같은 것을 원 할 때 드려야 되고 투약 후 기록, 그러면 또 다음 투약 시간, 그것도 처음에는 이름과 얼굴을 모른다. 또 이 노인네들이 여기저기 흩어져 계셔서 식당, 로비, 또 다른 방으로 놀러 가 있으시다. 한 차례 약을 주려면 나는 몇 차례를 돌아 다녀야 끝이 난다.

나중에야 이름과 얼굴을 같이 알게 되니 아무 곳이던지 만나는 데로 줄 수가 있어 훨씬 편해졌다. 사실 양로원은 환자나 약이 변화가 없고 똑같으니 시간이 약이다. 그중 잊지 못할 아름다운 장면 하나있다. 이 할머니는 걷지를 못해 항상 휠체어에만 계신다. 할아버지는 그래도 건강하신 편이다. 식사 시간이 되면 꼭 할머니 휠체어를 밀고 식당에 가서 식사하신 후 할아버지가 할머니를 옆에 앉혀 놓고 꼭 멋있게 피아노를 몇 곡 쳐주신다. 할머니는 말씀도 별로 없으셨고 항상 잔잔한 미소만 가득하신 분이다. 자손들이 가끔 와서 모시고 나가 외식을 시켜주실 때 두 분이 꼭 같이 나가신다. 할머니 자손이 와서 할아버지까지 모시고 가고 할아버지 자손들도 할머니를 모시고 나간다. 그 삭막한 분위기에도 참 아름다운 모습의 두 분이셨다.

그 안에는 찾아오는 사람도 없이 외롭게 지내시는 분들도 꽤 많아 젊은 나에게는 충격적이었다. 한국에선 할머니 할아버지가 자손들과 항상 같이 사시는 것만 보다가 이런 것을 보니까 그렇게 생각이 들었다. 그 당시에 한국에는 양로원이 없었나? 가본 적도 들어본 적도 없었던것 같다.

🌿 삼총사 이웃을 만나다

1977년 7월 첫 집을 사서 이사를 했다. 방 3개짜리 아담한 집에 집 뒤로는 낮으막한 산 언덕이 있었고 공원같이 넓은 뒷마당이 너무 좋았다. 큰 나무들도 많아 집이 시원했다.

여기는 9월이 학교 학기 시작이라 주로 여름방학에 집 매매, 이사

내 영혼에 찾아온 햇빛

가 이루어진다. 옆에 텃밭에는 근대가 심겨 있었는데 우리가 자꾸만 따 먹어도 계속 자라는 것이 신기하였다. 그때는 친정엄마도 계셔서 잠자고 일만 다니면 되고 반찬도 맛있게 해주시니 그야말로 지옥에서 천국으로 옮긴 것 같다.

큰 그네 세트도 사다놓아 공원같다. 아이들이 즐기는 것을 보니 마냥 행복하다. 나무가 크니 가을에 낙엽도 많아 어느 날 낙엽을 긁어 쌓아놓고 우리 엄마는 불을 붙여 태우는데 요란히 불자동차가 들이닥친다. 아마도 옆집에서 신고했나보다. 소방대원은 당황해하는 동양 할머니를 친절히 안심 시켜 놓고 돌아간다.

9월에 딸이 유치원에 입학하였다. 입학하는 날 이름들을 부르는데 앨리 김 씨와 진선 최 씨가 있다. 서로 한국 사람이 있네! 반가워서 만나보니 학교를 중심으로 대각선으로 서로 첫 집을 사서 이사 온 것이다. 진선네도 할머니가 계셨다. 우리 엄마하고 아이들이 서로 오가며 심심치 않게 지내셨다. 그 집을 통해 여기서 조금 떨어진 지영이네랑도 만나게 되어 세 집이 모두 아들 하나, 딸 하나씩이고 아이들 나이도 거의 비슷해 삼총사가 되었다.

그때 우리 집 앞 가로수는 다 도토리나무이다.(캘리포니아 주목이다. 나무를 훼손하거나 다람쥐 먹이인 도토리를 줍지 못한다. 물론 위반하면 비싼 벌금을 물어야 한다.) 그 때 우리는 그런 법이 있는 지도 몰랐었다. 우리 엄마는 극성으로 도토리묵을 만들어 이 동네 유명한 묵 할머니가 되

1977년 첫집도 40여 년만에 핑겟김에 가보았다. 그 동안 뒤에 있었던 언덕에도 동네가 들어 왔네요. 이 집도 담을 쌓고 철문도 달고 살고 있는 것이 큰 변화네요

내가 흡족하게 여겼던 아이들이 어렸을 때 뒷마당에서 놀던 모습

내 영혼에 찾아온 햇빛

할머니 삼총사가 되다.
이사도 같이 따라 다니는 40년+이웃 친구 3명이 드디어 3대가 되어 같이 뭉쳤다. 딸 셋은 네
일 샵에 가서 손톱, 발톱 칠하는 동안 할머니들은 애봐주고, 추억에 남는 즐거운 시간이었다.

었다. 만들기 힘들어서 그렇지 진짜 맛있었다. 또 지영이네 앞 가로
수는 자두나무였는데 향기도 좋고 달고 맛있는데도 여기 사람들은
안 따먹는다. 그래 노인네들만 신나게 따서 술 담그고, 잼 만들고 그
런 것을 낙으로 삼고 용돈도 버시고 좋아하신다.

한국에서 아버지를 모시고 오다

1978년 이 집으로 이사 온 후에 우리 친정 식구들이 오기 시작하였다. 언니네 식구 네 명과 남동생 셋은 다 결혼을 하지 않고 왔다. 그런데 혼자 남은 우리 아버지가 자꾸 비자를 못 받으시는 것이다. 큰아버지와 함께 그 조카네 집에 임시로 계시는데 사촌 올케언니에게도 미안하고, 안 되겠다 싶어서 내가 미국 온 후 처음으로 나갔다. 무작정 가서 부딪혀봐야 했다.

대사관에 전화하여 어느 여직원과 어렵게 연락이 되었다. 갈비집에서 만나 사정 이야기를 하였더니 금방 해결이 되어 들어오셨다. 내가 나가기를 잘했다고 생각했다. 그때 처음 온 식구들이 거의 매주말에 모여 엄마가 맛있게 재어놓은 갈비 파티를 하며 처음 와서 힘들고 외로운 회포를 풀곤 하였다. 아버지까지 오시니 마음이 한결 가볍고 임무 완성된 느낌이다.

1968년 간호학교 실습때 사진

이때 우리 앞 집에 살며 응급실 실습 때 만난 유 선배에게 실습을 배웠다. 1979년에 이역만
리에서 이웃으로 만날줄이야!

2년만에 두 번째 집으로 또 이사하다

1979년 7월 세 집 중에 지영 엄마가 아이들 학교도 들어가야 하는
데 학군 좋은 곳으로 이사할 채비를 한다. 그래서 세 집이 똑같이 단
체로(?) 집을 팔고 같은 동네로 다같이 이사를 했다.

이사 하던 날, 맞은 편에 산다는 분이 한국 사람인 것 같아서 찾아오셨다. 반가워 앉아 이야기 하는데 얼굴은 생각이 나지 않는데 목소리가 귀에 익었다. 좀 허스키하며 특이하여 따져보고 기억을 더듬었다. 옛날 내가 학생 간호사로 실습 나갔을 때 응급실에서 오리엔테이션을 시켜주신 분이다. 11년 전 일이다.

그래서 다시 한번 세상이 좁고 죄짓고는 못 살겠구나 하는 말이 실감 난다. 처음 이 집을 와서 봤을 때는 뒷마당에 수영장도 있고 그림 같은 2층 양옥집이 마치 꿈에 그리던 집 같아 홀딱 반해서 샀는데 7년을 이 집에서 살며 진절머리가 났다.

첫째는 애들이 모두 어려서 더운 여름날 학교에서 돌아오면 바로 옆문으로 들어가 수영장에서 노는 것까지는 좋았다. 동네 아이들이 여러 명이 와서 물을 뚝뚝 흘리며 집안에 들락거리며 타올을 있는대로 다 가져다 적셔 놓고 가니 내가 힘들어 죽겠다.

또 아무래도 이층이 더우니 여름이면 책이나 담요 등을 다 가지고 내려와 아래층은 난장판이 된다. 또 아이들이 모여 슬리핑 백에 들어가 계단을 미끄럼틀처럼 타고 내려온다. 그때 우리가 이 집을 산 후에 주택 경기 매매가 뚝 떨어져서 팔 수도 없어 7년을 살았다.

내 영혼에 찾아온 햇빛

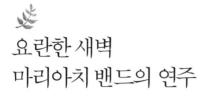

요란한 새벽
마리아치 밴드의 연주

1980년 5월 어느 날. 이날은 내가 아침에 일하는 날이라 일찍 깨어서 준비하고 있었다. 별안간 요란한 남미의 Mariachi Band의 경쾌하고 흥겨운 연주가 들려온다. 시계를 보니 아침 6시이다. 누가 이렇게 새벽부터 동네를 시끄럽게 하는 지 나가보니 이웃 집에 6~7명이 검은 스패니쉬 풍의 연주복을 입고 그 집 앞뜰에서 연주하는 것이었다.

그 집은 1970년 이 동네를 처음 지었을 때부터 이사 들어와 사는 선량한 백인 부부인데 딸 둘이 있는 집이다. 무슨 영문인지 모르고 일을 갔다. 나중에 푸에르토리코 친구 부인에게 물어보니 전통적으로 프로포즈 하는 방식이란다. 그 친구는 자기네도 딸이 둘인데 자기 언니는 여러 번 그렇게 프로포즈 받았었는데 자기는 한 번도 못 받아 봤단다.

그 집 딸 남친이 남미계통인지는 모르겠지만 아마도 이 집 딸 주인 있다고 동네방네 소문내는 방식인 것 같다. 터키 여행할 때 집집마다 굴뚝에 소주병 같은 유리병을 거꾸로 꽂아 놓아 이상히 여겼다. 가이드 하는 말이 그 집에 시집 안 간 딸 숫자대로 그렇게 표시해 놓은 것이란다. 그래서 어느 집은 하나, 둘, 셋 집집마다 숫자가 달랐었다. 나라마다 다 특이한 전통이 있는 것이 재미있다.

쉼 없이 일하던 추억

1979년 가을 자유롭게 일하기

처음 이민와서 고맙게 일 배우고 삶의 터전을 잡게 해준 병원을 그만두었다. 그때까지 가끔 노는 날 에이전시를 통하여 다른 곳에 일을 다녀봤다. 간호사 부족난이 심해서 일도 많고 분위기가 오히려 마음이 더 편하다. 내가 고정으로 일하는 병원은 어떤 날은 나 혼자만이 그 병원 직원이고 다 Agency 간호사와 같이 일해야 되니 훨씬 책임감도 크고 힘들다.

내가 아르바이트(Part time)로 다녀보니 돈도 훨씬 많이 받고 일거리 걱정을 안해도 되었다. 결심하고 그만두고 Full time Agency 간호사로 일하였다. 간호사가 워낙 부족할 때인지라 멀리 갈 필요도 없이 가까운 병원 2~3곳이면 일하고 싶은 만큼 충분히 일할 수가 있다.

그때는 12시간씩 일 주일에 3, 4일씩 일하면 풀타임인데 나는 엄마도 오서서 도와주고 하니 일주일에 40시간 외에 내가 조정하여 일을 늘렸다. 그중 한 병원에서 한국 친구를 만나 매일 둘이서 일하면서도 사이사이 시간 가는 줄 모르고 수다 떨며 지내는 것이 너무 좋았다. 일하러도 가지만 친구 만나러 가는 것이다.

그러던 중 그 병원 젊고 예쁘고 탄력이 멋있는 Vginia라는 간호사가 자기가 직접 병원하고 계약해서 중간에 Agency 돈도 내지 않고 하는 독립된 간호사 조합 (Independent Nurses Assoc)을 만들어 자동으로 그 친구와 창립 멤버가 되었다.

그때는 간호사 부족난이 심하니 그것으로도 일을 얼마든지 구할 수가 있었다. 기억나는 것은 이상하게 한 병원 환자 수가 내려가면 다들 똑같이 슬로우 해지는 때가 가끔 생긴다. 그럴 때의 추억이다. 적어도 한 군데서는 취소하겠지 하고 12시간짜리를 밤, 낮으로 받아 놓고 두 군데가 다 취소를 하지 않아 24시간을 꼬박 일한 적이 일 평생 두번 있었다. 또 12시간짜리 9일을 쉬는 날 없이 계속한 것이 나의 역사에 남는다.

그럴 때는 돈보다도 각자 전화하여 스케줄을 받을 때이니 내가 맡아 놓고 내가 취소하면 신용이 없어져 다시 일을 주지 않을지도 모르고 그냥 내 이미지 문제로 그렇게 하였다.

그때만 하여도 젊었고 집에 도와주는 엄마가 계셔서 가능했겠지. 우리 동네 친구도 간호사여서 다 같이 INA로 일하여 다른 간호사보다 훨씬 많이 벌었다. 나중에 모두 총 27명의 회원 중 한국인이 4~5명이 되었다.

　살아 오면서 깨달은 것은 많은 회원들이 이혼, 파산 등으로 돈을 버는 것보다 쓰는 것이 중요한 것을 느꼈다. 92년도까지 INA로 일할 수 있었는 데 그때 아이들 차, 보험, 돈 많이 들어갈 때 다 감당할 수가 있어서 다행이었다. 92년도부터는 인력난이 많지 않아 우리 일하던 조합이 깨져버렸다. 모든 것에는 영원한 것은 없다는 나의 신조가 맞아떨어진 것이다.그 때 나는 "현실의 좋은 조건이라도 언젠가는 끝이 나겠지"라는 소극적인 염려로 그렇게 많이 벌여놓지 않은 것이 오히려 나를 살려 주었다.

INA 창시자
버지니아를 추억하며

　1979년 한창 젊은 나이에 성격도 발랄하고 예쁘게 잘 생긴 Virginia는 형제가 많은 가운데 자라서 마음씨도 착하다. 그 사교적인 성품으로 그때 여러 병원 다니면서 일자리를 만들었다. 여러 간호사가 호황을 누릴 때 물론 본인도 같이 일을 했다. 너무 사교적이

　　　　　　　　　　　　　　　　　내 영혼에 찾아온 햇빛

라 그런지 일에는 집중을 좀 못하고 두서가 없는 편이다. 다음 근무 들어오는 간호사들이 버지니아 담당 환자 맡는 것을 싫어하고 불평이 많다. 12시간 근무하면 대개 두 간호사가 거의 매일 같은 환자의 연속 간호를 하는데 그녀의 환자를 맡으면 빠트린 것도 많고 주위도 엉망으로 해놓고 간다. 그래서 그런지 얼마 후 일을 그만두고 아주 시골 같은 뉴멕시코주 Taos로 이사를 가버렸다.

그곳에서 통나무집을 짓고 겨울에는 스키 강사, 여름에는 스쿨버스 기사와 박물관 해설자 등 자유로운 영혼으로 살아간다.

얼마 전 한 30여 년 만에 그때 일하던 몇 사람과 만났다. 아직 친정 부모와 형제들이 이곳에 사니 가끔 오가고 있단다. 연로하신 친정아버지를 모시고 브런치 하는 식당에서 다 같이 모였는데 세월의 흐름은 이 세상 모두에게 공평하게 온다는 것을 느꼈다.

물론 그녀가 우리들을 봤을 때도 똑같이 생각했겠지만 우리들도 그 젊은날 발랄하고 예쁘고 아름답고 빵빵하던 탄력들은 다 어데 가고 야외생활을 많이 해서 그런지 피부도 어두워(Dark)지고 팔이랑은 나이 든 티가 나 영락없는 미국 노인네가 되었다. 그러나 다 마음만은 옛날 그날로 돌아가 시간 가는 줄 모르고 즐겁게 지내다 왔다.

이래서 모든 사람은 각자 다 자기 나름으로 사는 방식이 다른가보다. 그 오랜 세월을 시골에서 그렇게 사는 것이 행복한 그녀에게 응원의 박수를 보낸다.

우리 부모님이 이사 나가시다

1980년 9월 내 동생이 집을 사서 이사하며 우리 부모님을 모시게 되었다. 그동안 우리 아이들 특히 아들은 나보다는 할머니를 더 좋아하여 내가 모처럼 노는 날 특히 더 어렸을 때는 내가 오라 하면 할머니에게 쪼르르 달려가 할머니 목에 매달려 나를 섭섭하게 하였는데 이제 이사를 나가시는 것이다. 아직도 어려서 할머니를 찾을 것 같아서 나는 속으로 무척 걱정했다.

그런데 이사 나간 날 부터 언제 그랬냐는 듯 별로인 것 같아 나는 놀랐다. 그래도 과연 엄마는 엄마구나 하고…

할머니가 들으면 섭섭하시겠지만 나는 그런 아들이 대견하였다. 그래서 다시 이민 초기처럼 우리끼리 사니까 내가 더 힘들어졌다. 그동안 나를 너무 편하게 버릇을 들여놔 적응기가 꽤 걸렸다.

얼마 있다가 우리 부모님은 동생네에서 노인 아파트로 이사를 하셔서 독립적으로 사시면서 꽤 만족해하셨다.

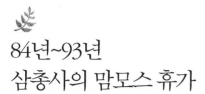

84년~93년
삼총사의 맘모스 휴가

극성맞은 진선 엄마 덕분에 아이들이 10살 안팎부터 거의 매년 크리스마스 다음 날 가서 새해 전날 오는 스키 여행을 3가족이 거의 안 빠지고 다녔다. 방 3개 있는 콘도를 하나 얻어 함께 지냈다. 가끔은 어느 부모님, 친구네까지 와서 바글바글, 샤워 하는 조까지 짜서 지냈다. 전기장판까지 가져가서 여기저기서 자면서 지냈다. 6.25 전쟁 때라면 여기 100명도 더 잘 수 있다고 진선 할머니가 말씀하여 깔깔 거리며 밥도 매일 해 먹었다. 샌드위치 점심도 만들어 산에 가져가 맛있게 먹고 즐거운 시간을 보냈다.

스키 첫날 나는 이건 괜히 돈 쳐들이고 고문당하러 왔다고 생각했다. 너무 힘들었다. 반나절 스키 학교였다. 오후에는 진선네가 우리 모두를 무작정 산으로 데리고 올라간다. 나는 운동신경도 없어 반쯤 일어나려면 넘어지기를 반복하여 나중에 내 별명이 오뚜기가 되었다. 금방 넘어진 것 같은데 금방 발딱 일어난다고… 일어나는데는 완전 도사가 되었다.

아이들은 금방 배워 잘 타면서 엄마는 췌어에서 내려다 볼 때마다

서 있는적이 없다고 하며 놀린다. 그때 스키 배울 때 지영 엄마랑 내가 벌벌거리며 내려오면 진선 아빠가 "다리를 벌려, 벌려, 더 벌려" 하고 크게 소리를 친다. 짓궂은 지영 엄마는 "처녀도 아닌데 왜 안 벌려지지?"하며 맞장구를 친다. 그때만 해도 한국 사람이 없을 때라 이렇게 큰소리로 깔깔거리며 소리높여 말할 수 있었다.

나는 비싼 표 사 가지고 신나게 타지 못하고 나를 가르치는 것이 미안하여 포기했다. 가뜩이나 겁이 많아 조금만 속도가 붙으면 내가 먼저 넘어져 버린다. 그런데 나중에는 그래도 제법 타서 아이들하고 여럿이 온 산을 다 헤매고 다니는 재미를 보았다. 그것이 나에게도, 아이들에게도 아주 좋은 추억이 되고 그 때문에 아이들하고 더 밀접하게 잘 통하나보다. 평생동안…

그래서 때에 맞게 아이들하고 추억거리를 많이 만드는 것이 부유해지는 내일을 만든다고 생각한다. 매년 그렇게 다니다가 이집 저집 아이들이 하나둘씩 대학 가느라 집을 떠난 후 그 전통이 없어졌다. 그러다 우리 딸이 이 근처로 2003년 이사와 아기 둘 낳고 쉬다가 2010년 둘째 딸이 3살이 되자마자 아이들 스키스쿨 넣을 수 있는 나이가 되었다. 우리 딸네만은 이때까지 일 년에 적어도 2번씩은 다니며 다시 전통을 이어간다. 나는 덕분에 솔솔 곁다리로 재미를 본다.

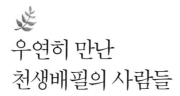

우연히 만난
천생배필의 사람들

86년 가뜩이나 이사를 하고 싶어도 매매가 없어 주저앉아 살다가 7년 만에 주택경기도 좀 살아났다. 그동안 사기도 두 번 당하고, 하던 사업도 망해 이 집을 팔아 가게를 사고 가까운 곳으로 세를 얻어 갔다. 즐거운 이사도 아니었지만 속이 후련했다.

이층집에서 아이들이 틴에이저가 되어 이층 각자 방에서 불러도 빨리 나오지도 않고 여러 가지 불편했었다. 자그마한 단층집에 가니 아이들도 복도에서 만나면 일부러 궁둥이도 부딪치고 다니고 나는 너무 좋다.

그러던 중에 한국 시고모님 셋째 딸이 결혼을 하게 되어 이곳에 오시게 되었다. 원래 여기는 집 팔고 2년 안에 다시 집을 사지 않으면 집 팔아 남긴 금액에서 세금을 내야 한다. 그 결혼 덕분에 무리하게 1년 반 만에 조그마한 집을 사서 다시 88년 4월에 이사를 왔다. 그런데 집을 보러 다니다 보니 우연히 먼저 살던 집에서 두 채 이웃 집이라 이웃도 똑같다. 한국 선배 선생님 집도 이번에는 정말이지 대문이 마주난 집이 되었다.

돈도 많이 못 모은 상태에서 조그만 단층집에 오니 모든 것이 모자란 듯 했지만, 너무 편리해졌다. 시고모님이 딸 넷 중 셋은 다 결혼시켰다. 예쁜 딸만 아직 미혼이라 가끔 우리에게 거기 좋은자리 있으면 소개해 보라고 하셨지만 우리는 그럴만한 사람도 없었다. 그때 어떤 모자가 한국에 선을 보러 갔다가 막상 그 처녀와는 안되었다. 사람을 넣어 이왕 나온김에 더 좀 알아보는 중에 고모님네로 중매가 들어왔단다.

그래서 맞선 보고 일이 성사 되어 결혼식을 여기서 하는 것으로 고모님과 사촌 시누이가 왔다. 이 넓은 미국 땅에서 한국까지 나가 중매로 만난 사람이 바로 이 동네 사람이다. 지금도 고속도로 한 정거장 거리에 살고 있다. 우연이란 것이 참 많다. 그래서 연속극에서 우연히 만나고 어쩌고 하는 것을 나는 믿는다. 살다 보니 아이들은 금방 커서 집을 다 나가고 요즈음은 이 작은 단층집에서 우리 부부가 은퇴하여 사는 집으로는 딱 안성맞춤이다.

유리창이 많고 넓어 시원하게 앞이 툭 터지고 마당이 꽤 넓어 집에 있는 맛이 좋다. 다람쥐와 벌새(Hummingbird)들이 모이고 꽃이 피는 공간이 있어 행복하다. 전화위복이다.

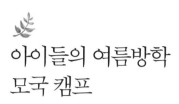

아이들의 여름방학
모국 캠프

1989년 8월말 딸 17살, 아들 15살에 영사관에서 모집한 모국 방문 여름 캠프에 아이들을 보냈다. 생전 처음 만나는 조카들을 큰아버지께서 공항으로 마중을 나오기로 하셨다. 기다리시는 동안 머리 이상하게 염색하고 별나게 하고 오면 어쩌나 걱정하셨는데 정상인 애들과 첫 만남을 통해 마음을 놓으셨다고 하신다.

전 세계에서 모인 교포 2세 아이들과 2주 동안 재미있고 유익한 프로그램으로 지냈다. 집으로 돌아와서도 캐나다 독일에 사는 아이들하고도 연락하더니 캐나다 아이는 여기까지 특별 포장한 연어를 들고 놀러 와서 LA에서 동창회도 하고 난리들이었다. 여름 캠프 동안 일기 좀 써서 오라니 우리 아들은 정말 거의 매일 안빠지고 재미있게 써 왔다. 그중 한 가지 웃기는 대목은 남녀 기숙사를 복도 가운데 줄을 쳐서 갈라놓았는데 어느 날 밤 방 친구들과 여자방에 몰래 들어갔는데 그것이 제 누나 방이었다고 써서 웃겼다.

그때 두 달 있다 왔는데 여기서 외롭게 살다 가서 보니 엄마 아빠의 친가, 외가 많은 집에서 대접 잘 받고 아주 재미있게 놀다 와서는 그 많은 친척 식구들에 놀란다. 아이들도 적기에(철이 안든 것도 아니고 또 체면 차려야 할 정도가 아닐 때) 아주 잘 갔다 왔다며 지금까지도 좋은 추억으로 있다. 우리 딸은 남동생이 한국말이 더 서툴러 네, 아니오밖에 못하는데도 큰아버지나 모든 사람이 남동생을 더 귀여워했다고 질투 섞인 불만을 한다. 나 역시 처음으로 아이들하고 이렇게 오래 떨어져 본 적이 없어 오는 날 비행장에 마중 가는데 얼마나 설레고 기쁜지 잊을 수가 없다.

PART 2

더 넓은 세계를
여행으로 보았다

$20 a day in Mexico

1989년 7월 직장 그룹에서 멕시코 캔쿤 반대쪽 해안에 있는 푸에르토 바야르타(Puerto Vallarta)를 갔다. 이 당시만 해도 관광지로 아주 초창기여서 여기저기 호텔 공사들이 한창이었다. 5성급 호텔을 짓는 옆에는 현지인 노동자들이 천막을 치고 밑바닥 생활을 하는 것도 볼 수가 있었다. 여럿이 함께 비참하게 사는 것 같아 참 마음이 아팠다. 자본주의 사회의 민낯 현장 같았다. 그때 같이 간 독일 간호사 남편이 독일 사람 아니랄까 봐 떠나기 전 서점에 가서 " $20 a day in Mexico"라는 책을 사 가지고 와서 매일 우리들을 안내한다. 털털거리는 시외버스를 타고 2~3시간 가는 한적한 시골 마을에 가서 자연의 경관을 구경하고 점심시간에 시골 식당으로 갔다. 콘크리트 건물인데 지붕과 벽만 조금 있지 뻥 뚫린 야외식당 같은 곳에서 점심을 먹었다. 그 시골에서도 금방 Mariachi Band가 오더니, 경쾌하고 흥겨운 음악을 연주하여 음식 맛을 돋구고 분위기도 즐겁게 해 준다.

어떤 날은 재래시장에도 찾아가서 길거리 음식도 사 먹고 시장 구경도 했다. 택시도 못 타게 하는 무서운(?) 대장이었다. 어느 날은 바닷가에서 바나나 보트를 탔다. 나 역시 처음이라 좀 겁이 났지만 조금 달리다 보니 물에서 통통 튀며 달리니 신나고 재미있었다. 바로 내 뒤에 Emma라는 흑인 등치 큰 동료가 앉았는데 시종일관 "내 생일에 내가 죽겠다" I'm gonna die on my birthday라고 소리를 질러댄다.

보트 타기가 끝나고 배로 와 사다리를 타고 올라가야 하는데 Emma는 흑인인데도 얼굴이 완전히 하얗게 질려 발을 떼지 못했다. 도저히 올라가지 못해 두 남자가 거의 끌어올리다시피 했다. 또 하루는 배를 타고 해안가 바위섬, 동굴 등을 구경하다 경치 좋은 곳에 배를 세워놓고 구명조끼 하나씩 입혀 배 위에서 바다로 뛰어내리게 한다. 내가 가만 보니 심청이 인당수에 빠지는 것보다(?) 물이 더 검푸르고 깊어 보인다. 또 다른 사람들을 보니 뛰어내리고 얼마 있다 수면으로 올라온다. 내가 볼 때 자기 몸무게로 어느 정도 내려갔다 올라오는 것 같은데 나는 올라오기 전 기절할 것 같아 도무지 용기가 나지 않아 포기하였다. 나중에는 다들 얼굴만 물 위에 내놓고 모여서 수다를 떠는데 속으로는 부러웠다. 그러나 그것만큼은 영원히 못할 것 같다.

내 영혼에 찾아온 햇빛

멈추지 않는 세월을 보내며

1989년부터 LA 시립병원에서INA를 통해 산부인과 중환자실에서 일하게 되었다. 우리 산부인과 중환자실은 병원 구석 한가한 장소인 데다 침대 5개뿐인 조용한 유닛이다. 그것도 환자가 꽉 찰 때보다 반 정도 비어 있는 때가 더 많았다. 그때 Dr. Fung이라는 중국 남자 인턴이 한국 간호사를 좋아해서 매일 우리 일하는데 와서 중매하라고 졸랐다. 우리들도 중간에서 노력하여 나중에 성사되어 결혼식에도 참석하고 지금은 아이들이 결혼할 나이가 되었다.

또한 백인 인턴 Dr. Ramsey가 기억에 남는다. 아주 잘 생기고 착한 엄친아 타잎인데 목거리에 엄마가 끼던 반지를 달고 다니며 돌아가신 엄마를 매일 그리워 했다. 엄마를 자기 심장과 가까이 있게 한 것이라고 한다. 그 인턴이 항상 자기는 동양의학도 공부할 것이라고 앞으로는 양의학과 한의학이 같이 해야 한다고 강조했다. 매년 인턴이 교체되는데 우리는 늙어가고 오는 아이들은 똑같은 나이에 오니까 처음에는 아저씨, 좀 있으면 장조카뻘, 해가 갈수록 아들처럼 보이고 그만둘 때는 거의 손주뻘 되는 것으로 생각되었다. 또 그런 의미의 세월의 흐름을 느꼈다.

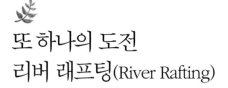

또 하나의 도전
리버 래프팅(River Rafting)

1990년 여름 올해에는 병원 우리 부서에서 하는 평생교육 CEU (Continue education) 공부를 하러 Kern river로 가는 데 참석하였다. 아침, 저녁 식사 후 2시간씩 공부하고 낮에는 River rafting 하는 것이다. 나는 좀 모험심이 많은지 한 번도 안 해본 것에 겁 없이 도전한다. 거기 가는데 그 입구에 그동안 97명이 죽었다는 경고까지 있다.

그곳은 요세미티 등 높은 산에서 눈이 녹아 내려오는 물로 수온이 낮고 물살도 꽤 빠르다. 우리 딸 초등학교 다닐 때 급우 하나가 가족과 같이 여기 와서 놀다 죽은 아이도 있었다. 첫날 올라가는데 가이드가 다 설명한 다음, 자기는 오늘이 가이드 하는 첫날이라고 하는데 곧 그것이 농담이었음을 알았다.

인솔자가 빠지더라도 구명조끼 입었으니 침착하게만 손을 배 위에 올려놓고 떠 있으면 다음 보트가 집어 갈테니 걱정 말란다.

아래 도착 지점에서 버스에 고무보트와 사람을 싣고 산 위 출발지점으로 간다. 버스에서 내려 물까지 바위도 제법 있는 비탈길을 내려가는데 보트를 여럿이 손으로 받쳐들고 가야 한다. 그때는 유난히 좀 덩치 좋고 키도 큰 간호사가 여러 명이 갔다. 나는 중앙지점에서 손을 뻗쳐도 닿을락말락 하여 거의 시늉만으로 거들었다. 어쩌다 나한테 무게가 쏠릴 때 보니 이 고무보트 무게가 보통이 아니구나! 느꼈다. 탕 시작하자마자 금방 물살이 세서 내 앞에 세 명 덩치도 좋고 야외 활동도 많이 하는 백인 간호사들이 튕겨 나가 순식간 잠깐 이지만 배 밑에 갇혀 있다가 나온 다음 겁에 질려 하는 것을 보니 나는 겁이 더 났지만 그래도 계속 올라갔다. 또 한번은 우리 앞에 3대 가족처럼 보이는 팀이 떠났다. 그 보트도 중도에 바위에 부딪치며 뒤집어지면서 그중 할아버지 안경 알도 빠져 버리고 정갱이도 다치셨다. 그런 것을 보면서 겁도 났지만 재미있어서 이번 한 번만 더 가자한 것이 마감 시간까지 해냈다.

타다 보니 요령이 생겨 그 묵직한 사람들 앉아 있는 고무 의자 밑으로 내 발을 쑥 집어넣으니 안전벨트 역할을 해 주어서 그런지 끝까지 탔는데도 한 번도 안 빠진 사람 중에 하나다. 처음 설명해준 대로 그저 노만 열심히 붙잡고 저었다. 끝나고 사무실로 들어가면서 인솔자에게 나는 수영도 못한다고 말했더니 너무 기가 차서 큰 소리로 유머스럽게 여러 사람에게 일러준다.

독일과 프라하 관광 추억

91년 10월

1979년에 만나 꼭 붙어 다니면서 2020년 현재까지 진행형 독일 친구 Ursula와 이웃 친구 Choi와 셋이서 독일에 갔다. 이때만 해도 한국 관광 붐이 일어나기 전이라 우리 역시 일만 하다가 외국 여행을 처음으로 간다. 가방을 간단하게 싸는 것이 안 되어 또 이민 가방이 되었다. 이민가방 이야기는 삼총사 세 집이 국내여행 다닐 때 남편들의 잔소리 중 하나이다. 그곳은 아파트5층까지는 엘리베이터가 없고 주로 기차 타고 다니는 데 기차역마다 계단이 많아 고생이 되었다.

주로 그 친구 엄마네 집에 있었고 여러 곳에 사는 동생들, 친구 집, 삼촌네 집에 민박하면서 여행을 했다. 첫째 그 친구 엄마네 집은 전기, 수도가 들어오기 전에 지은 3층 집인데 두꺼운 시멘트로 지은 견고한 집이다.

그래서 수도, 전기 배선이 벽 안에 있지 않고 벽 바깥쪽으로 되어 있는 것이 신기하였다. 그 엄마는 전형적인 독일 할머니요. 매일 식탁보를 새로 다림질한 것으로 바꿔 놓고 그릇 세트도 다른 것으로 바꿔 내놓는다. 아침 먹고 눈 깜짝할 사이에 설거지 거리도 보이지가 않아 이상하였는데 한 이틀 후에 비밀이 밝혀졌다. 부엌 싱크대가 원형 서랍형으로 되어 있어 쓴 그릇을 넣고 쑥 돌려놓으면 설거지거리가 안 보인다. 그때 내 나이 44세. Ursula는 나보다 8살 위니까 52세였는데 그 친구를 낳은 침대에서 우리가 잤다. 그 엄마가 결혼 전부터 살던 집이란다. 그 형제들도 그렇고 정말이지 독일 사람들은 이사를 안 다니나 보다. 그곳에 있을 동안 독일 관광단으로 체코의 수도 프라하를 다녀왔다.

그때 공산국가에서 자유국가로 된 지가 얼마 안 되었을 때라 국경 넘어 갈 때도 무섭게 생긴 공산국가 경찰 같은 사람들이 버스에 들어와 조사를 하는데 공연히 겁이 나기도 했었다. 국경 넘어 금방 길가에 탱크 동상이 있는데 분홍색으로 칠해져 있다. "해방 축하"로 그렇게 해놓았단다. 도시 자체는 너무 고풍스럽고 인상에 남는다. 영화에 나왔던 시커멓고 우중충한 다리에 성인들 동상 등등. 또 한 날은 여동생 부부가 우리를 데리고 백조의 성(Neuschwanstein) 구경도 하고, 그 성 올라가는 길목, 노상 카페에 젊은 한국 남자 넷이 양복 차림으로 앉아 있어 반가워 하던 일도 기억에 남는다. (그런 곳에서 그 때 한국 사람 만남은 귀하여서)

마침 October fest가 열릴 때인지라 그 여동생이 사는 곳에서 가까워 걸어서 갔다. 어마어마하게 큰 맥주 텐트에서 전통 음악과 춤이 사람들의 흥을 돋운다. 그때 사회자가 여자 화장실은 어데 어디

로 가는 것이라고 안내하면서 텐트 밖에만 나가면 다 남자 화장실이
라고 하여 사람들을 웃겼다. 좀 어두워서 집에 가는데 친구 Ursula
는 날짜 기억은 너무 잘해 친구 아이들 생일까지 다 기억하는데 길
눈은 어둡다. 그때 내가 가면서 봐둔 건물로 인하여 집에 무사히 돌
아왔다. 외삼촌 댁을 갔을 때는 우리를 Holland 구경을 시켜 주었고
날씨도 좋았고 즐거운 추억의 여행이 되었다.

독일 친구와 한국 관광

몇 년 전 독일 친구 Ursula 따라 독일 여행 다녀온 후 이번에는 우
연히 한국에 가게 되었다. 먼저 여행사 프로그램으로 남해에서부터
일주를 하고 서울에 들어가는 거였다. 한국 도착하고 바로 여행이
시작되었는데 친구는 처음 가는 한국이니 일일이 다 해줄 것은 없고
중요한 부분만 통역해 달란다. 관광버스로 조금 달리다 남자 가이드
분께서 다 각자 소개를 하는 시간을 주었다. 내 차례가 되어 나와 같
이 온 친구는 오랜 직장 동료인데 원래는 독일 사람이라고 하니 이
가이드가 너무나 반가워한다.

자기는 독일어 선생이 되려고 독일 가서 4년을 유학하고 왔는데

다 원주민 선생님만 찾아 취직할 수 없어 가이드가 되었단다. 그러니 내가 필요 없고 휴식 시간에는 둘이서 이야기 꽃을 피운다. 그분도 오랜만에 연습할 기회가 주어져 너무 좋아하신다.

Ursula 말로는 발음도 좋고 독일어를 아주 잘하신단다. 사실 Ursula 동생도 미국 와서 유학하여 독일 가서 영어 선생 되려고 했는데 똑같은 이유로 안 된 상태라 서로 이해도 잘한다. 그래서 나 역시 편하게 지냈다. 바닥에 앉는 식당 갈 때도 이 사람이 의자를 선약하여 주어 정말 고마워했다. 친구가 제일 못하는 것이 바닥에 앉았다 일어났다 하는 것이었다.

전주 한옥 마을에서 먹은 해물파전과 막걸리가 제일 맛있었다고 한다. Ursula는 언어에 달란트가 많다. 외할아버지가 그 옛날 5개 국어를 하셨단다. 일할 때도 발음이나 Spelling이 틀리면 우리들은 물론이고 미국 애들도 지적하여 따라다니며 고쳐준다. 우리가 독일 갔을 때도 엄마로부터 형제들까지 다 영어를 아주 잘하셨다. 한국에서는 이곳에서 이웃으로 살다 역 이민간 친구네서 편히 잘 쉬고 한국식으로 대접 잘 받고 왔다. 독일 친구는 한국 사람 인심에 황홀하여 직장 가서는 내게 재벌 친구가 있다고 소문(?)을 내고 다녔다. 그때 한강 유람선을 나도 처음 타보았다 . 하여튼 홀가분한 여행이었다.

큰 어려움 없이
지내온 날에 감사하다

92년 10월 26일 이 날이 INA로 지난 2년 반 동안 고정으로 일하던 LA시립 병원 일이 줄어들어 같이 일하던 우리 그룹 중 세 사람이 그 병원 직원으로 전환한 날이다. 그동안 일을 하였기에 감독이 이미 다 알아 인터뷰도 없이 서류 몇가지로 자동 채용되다시피 하였다.

79년 이후 처음으로 병원 직원으로 일하는 거다. 그동안 중환자실 일만 했다. 여기 처음 올때 산부인과 중환자실로 와서 일했는데 그때 병원들이 사양길이어서 그곳도 일반 중환자실과 합하여 자연적으로 산실 병동에서 일하게 되었다.

거의 모든 시간을 중환자실 일만 하다 젊은 엄마와 아기 등 행복한 분위기가 좋아서 농담으로 은퇴 하기 전 머물러 있기 딱 좋은 곳이구나 생각했다. 아기들 우유 먹이는 것도 행복하였다.

그때는 수입이 확 줄어 걱정했지만 다 살게 마련인가 보다. 그동안 돈 많이 벌었다고 좋아했었지만 이렇게 직원이 되고 보니 병가 1년에 12일, 공휴일도 12일, 유급휴가 2주, 5년 근무하면 3주, 의료보험, 또 은퇴 연금 등 그것이 결코 많이 받은 것이 아니었구나. 이곳에 오래 근무한 사람들이 모든 조건이 더 부자다.

또 시립병원이라 UCLA 의대하고 연대가 되어 인턴이 24시간 상주하니 간호사가 훨씬 편하다. 초창기에 개인병원에서 힘들게 일한 것 같아 억울한 마음마저 든다. 25년을 일하면 100% 혜택을 다 받고 은퇴를 할 수 있어서 내 나이 45살에 시작해서 나는 70살까지 일하는 계획을 세웠었는데 나중에 병이 나서 19년 반 근무하고 은퇴를 했다. 건강만 하면 내 주위에 친구도 73, 74세까지 일하는데…

그래도 젊어 Agency로 일할 때는 나는 사실 건강보험도 없었다. 젊기도 했지만 별로 신경도 쓰지 않았다. 지금 생각해도 아찔하다. 다행히 아이들도 건강하게 잘 자라고 우리도 별일 없이 잘 지냈었으니까…

먼저 병원을 79년에 떠나서 92년 이 병원 직원이 될 때까지 13년 정도 공백으로 있었는데. 아무 사고나 중병에 걸리지 않고 네 식구가 모두 건강하게 지낸 것을 하나님께 감사드린다.

지진과 아들의 해군 입대

1994년1월 17일 새벽에 지진이 났다. 처음 당하는 큰 지진, 그때 나는 며칠 전 스키를 타다 무릎을 다쳐 목발 짚고 다닐 때였다. 여진이 날 때마다 내가 제일 먼저 뛰어나간다고 웃어 죽겠단다. 그래도 우리 집은 반석 위에 지었는지 별로 크게 망가지지 않았다. 나는 지진보험이 여태 없이 지내다 바로 2, 3년 전에 들어봐 참 다행이었다.

그 얼마 후 4월 26일에는 아들이 해군에 입대한 날이다. 한참 전어느 날 밤잠이 오지 않아 아들과 내가 거실에서 밤늦도록 이야기를 했다. 그때 이 녀석 하는 소리가 자기는 '이다음 틴에이저 아이들에게 새 차 사주고 할 수가 있을려나?' 하면서 부모에게 정말 고맙다고 했다. 그 때 근처 주립대학에 다니고 있었는데 자기는 아직 뭐가 하고 싶은지 잘 모르겠는데 집에서 이렇게 힘들게 버는 돈 낭비하고 시간도 낭비하는 대신 군대에 가서 생각해보면서 결정을 하겠단다. 아마도 해군 지원 후 인지도 모르겠다.

그때 16살부터 운전할 수 있으니 우리 딸은 16살 때부터 차 사달라고 조르는데 너무 금방 사주면 버릇없을까 봐 17살에 사주기로 했는데 그 일 년 동안 얼마나 짓조르는지 내가 더 고통스러웠다. 그래서 아들은 으레 17살에 사주려니 하고 있어 편했었다. 첫딸 여자가 어데 가다 차 고장이라도 나면 큰일이라 새 차를 사줬으니 아들도 공평하게 새 차를 사주었다.

틴에이저 보험은 더 비싸고 그때 가게 차까지 5대 보험비만 엄청 많아 이제 생각해봐도 그때 어떻게 잘 넘겼나 신통하다. 거기다 틴에이저들 사고라도 내고 교통위반 티켓이라도 먹으면 엄청 올라가는데 다행히 두 아이가 큰 속 썩이지 않고 잘 지나갔다. 그 와중에 아들은 몰래 해군 지원해 갈 때가 다 되어서야 알린다.

교통법규도 잘 지켜야지 그런 것들이 신원조회 때 많이 나오면 해군도 못 간다. 그렇게 해군 가겠다는 아들이 신통도 하고 미안한 마음이다. 떠나는 날 하얀 해군 정장을 입은 군인이 빨간 승용차를 가져와 태워 간다.

아들 친구들, 동네 친구들도 와 있는데 나는 너무 눈물이 나서 참을 수가 없었다. 아직도 나는 그 장면만 생각하면 눈물이 나온다. 3개월 기초 훈련 끝나 졸업식을 한다하여 딸하고 플로리다 올랜도까지 가서 졸업식에 참석했다. 며칠 동안 아들, 딸과 디즈니월드 케네디우주센타를 둘러보았다. 거기서 우리는 우주선 내부도 구경하고 몇 층 높이의 극장 건물에서 우주에서 지구를 내려다보는 실감나는 3D영화도 보았다. 또 바다쪽으로 가서 긴 다리를 건너가 진짜 미사일이 장착된 우주 발사대도 가까이는 못가니 관광객들이 갈 수 있는 지점에서 보고 왔었다.

마침 아들 생일이 7월 2일인데 디즈니 월드 안의 해저(Under the Sea) 식당에서 맛있는 식사도 했다. 식당에서는 생일이라고 제법 큰 당근 케이크(Carrot cake)도 주고 직원들이 노래를 불러줘 제법 근사한 아들의 20세 생일이었다. 아쉽게도 맛있는 생일 케이크를 다 못 먹어 아까웠다. 아울렛을 다니며 샤핑도 하며 알찬 휴가를 보내고 왔다.

내 영혼에 찾아온 햇빛

플로리다에서 해군 훈련이 끝난 후 며칠 휴가를 얻은 아들.
마침 20세 생일도 그때라 디즈니 월드에서 생일축하로 한 컷.

Cape Canaveal우주선 발사대. 그때 장착이 되어 있었고 우리 다녀오고 며칠 후 발사되었다
로켓을 운반할 때는 시속 2 마일로 옮긴단다. 실물은 정말 상상을 초월할 정도로 크다

내 영혼에 찾아온 햇빛

Jaeyoung's US Immigration Diary by Year

1996년 여름 항공모함 관광

아들은 훈련이 끝나고 항공모함에 배치받아 즐겁고 행복하게 근무하고 있다. 기초 훈련 을 마치고 각 부서로 배치되는 것은 매주 보는 시험에서 갈라진단다. 먼저 떨어지면 싫어하는 부서, 즉 취사병 등등으로 가야 되고 올라갈수록 일종의 전문 직종으로 된단다. 아들이 그때처럼 열심히 공부한적이 없단다. 항공모함 안에 원자력 발전소 두 개가 있는데 거기 엔지니어로 일하게 되어 좋아한다.

이 배는 그때 유럽, 중동지역 담당인데 평화시대인지라 외양이 화려하지는 않았으나 완전 크루즈이다. 중동, 유럽 구경 다 하고 사하라 사막에서의 모래 서핑, 사해에서 진흙 목욕 (Mud Bath), 알프스 산맥에서의 스키, 모나코의 몬테칼로 도박장 등등. 젊은 또래들과 어울려 다니는 좋은 경험인 것 같다. 여기는 군인을 위한 USO라는 큰 자선 단체가 있는데 장병들 일일 관광 같은 곳에 비용을 보태줘 자기들 부담은 아주 조금만 내면 된다고 한다. 그렇게 다니다 오늘은 버지니아 해변(Virginia Beach)이 본부인데 그곳에서 항공모함 오픈 하우스(Open house)하는 가족의 날(Family day)이라고 하여 딸과 같이 갔다.

75

바다 안으로 한 시간쯤 들어가서 에어쇼도 보여주어 그동안 TV에서만 보면서 궁금 했던점. 그 빠른 전투기들이 그 짧은 배 안에서 뜨고 내리는 것을 가까이에서 보고 설명을 들으니 너무 뜻깊은 여행이었다. 아들이 일하는 부서 등을 비롯하여 배는 거대한 하나의 도시인데 우체국, 이발소, 예배실, 잡화, 매점 등 그 안에 모든 것이 다 있는 배 구경도 잘했다.

맨 지하에서 타워(Tower) 꼭대기까지는 27층 높이란다. 그 안에 사는 사람만 5,000명이 다. 이 날도 갑판 위에는 야구장에 있는 계단식 의자, 많은 간이 화장실 설치, 아이스크림, 칩(Chip) 등은 트럭에 달린 짐 나르는 큰 카고째로 와있다. 한편에는 핫도그, 햄버거 샐러드 등도 계속 만들어낸다.

헬리콥터와 소형비행기도 아주 여러 대인데 갑판(Deck)으로 올릴 때는 엘리베이터로 올라온다. 그 많은 사람 먹고도 칩은 많이 남아 저녁에 장병들이 박스(Box)째 방으로 가져간다.

한국 사람은 하나도 못 만났던 인상적인 여행이었다.아들은 어려서부터 비행기를 무척 좋아해 초등학교 다닐 때는 모형 비행기를 아주 많이 만들어, 나는 낚싯줄에 매어 아들 방 천장에 빼곡히 달아주었었다.

내 영혼에 찾아온 햇빛

항공모함 앨범의 겉장 사진과 가족 초청의 날에 에어쇼를 구경했다.
1996년 항공모함 관광

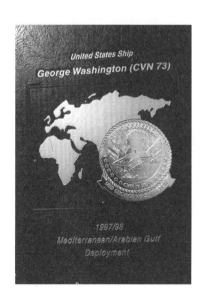

아들이 어렸을 때 갔던 에어쇼 중 한 군데에서 찍은 사진
지금 아들이 직업으로 종사하는 경찰 비행기와 똑같은 모형

내 영혼에 찾아온 햇빛

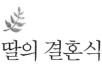

딸의 결혼식

1997년 7월 5일

6년 전 우리 삼총사가 스키 여행을 12/26일에서 12/30일까지 다녀온 후 우리 딸은 새해 첫 주일에 친구가 교회에 가자고 하여 처음 따라간 한인교회에서 동갑내기 대학생을 만나 첫 연애를 시작하였다. 20살도 채 되지 않아서였다.

그러다 사윗감이 동부에 가서 의대 2학년 때 연애 6년 만에 결혼식을 하였다. 의대는 공부가 힘들 텐데 결혼을 하여 걱정을 하였는데 오히려 더 잘되었다. 그동안 딸은 대학 다니면서 하루는 선생님이 된다고 했다, 또 하루는 정신치료사가 될까 하다가 여기는 3학년 올라갈 때 과를 정해야 되는데 그러고 있다.

그동안 내가 특별한 것 없으면 차라리 간호사가 되라 하여도 그것은 별로란다. 엄마는 언어 때문에 평생 이러고 있지만 너네는 말 잘하니 여러 가지 마취사, 가르치는 일, 행정 일, 또 근래 새로 생긴 Practitioner (간호사로서 환자 진찰도 하고 처방도 낼 수 있는 직종), 또 투석하는 기계 사서 개인 사업처럼 하는 것도 있고, 여자로서 시간 자유롭게 어느 정도 조절도 할 수 있고, 아무 곳이나 이사를 하여도 직장 구하기도 쉽고 등등 이야기를 해도 그냥 있었다. 어느 날 학교 갔다 오자마자 "엄마, 내가 현실로 돌아오기로 했어." 간호학을 하겠단다. 그래서 시작하였는데 인체 공부가 너무나 신비하고 쓸모가 있어 무척 재미있다고 신나한다. 간호 학생들이 학교 다니는 동안 경험 삼아 보조 간호사로도 일하는데 연애에 바빠 그런 것은 하나도 하지 않고 졸업식도 결혼식 며칠 전이라 아예 관심도 없이 참석도 하지 않았다.

고등학교 때 여름 방학에는 옷 가게에서 일도 했다. 물론 돈 버는 것 보다 그 옷 사입기 바빴지만, 한여름에는 아이들 여름 캠프 선생이 되어 특별 운전면허까지 따 가지고 학교 버스로 애들도 태워 다녔었다. 신혼여행을 하와이로 갔다 와서 9월 학교 개학 전까지 시댁에서 살다 갔다. 시어머님의 성격이 워낙 화끈하게 좋으신데 우리 딸을 정말이지 친딸처럼 사랑해 주신다. 우리하고 미국 온 때와 모든 환경이 너무 비슷하고 나중에는 나하고 간호학교도 동문인 것이 밝혀진 이웃사촌이다. 아직도 가까운 곳에서 딸네, 사돈집, 우리 세 집이 가까이 살고 있다. 나와 안사돈, 우리 딸과 시누이도 모두 절친으로 지내는 것이 남들은 신기하게 생각한다.

메릴랜드(Maryland) 딸의 신혼살림

1997년 딸이 사위 개학 때를 맞춰 9월에 동부로 이사를 했다. 여기서 간호학생 땐 알바도 안 하다가 그래도 가서 다행히 회복실에 R.N으로 취직하였다. 그러니 자연스럽게 마취 간호사와 접촉도 많고 그 사람들 하는 일도 보게 되고 또 많은 마취사가 격려하여 주어 정말이지 저절로 내 소원대로 되었다. 남편이 다니는 의대에 부속되어 있는 마취 과정 대학원에 들어갔다. 처음에는 학교와 일을 신통하게 병행하더니 곧 실습 나가고 하니 시간도 맞지 않고 힘들어 그만두었다. 고맙게도 시댁에서 생활비를 대주어 그렇게 둘이 다 학교에 다닐 수 있었다.

이년 조금 넘는 과정을 마치고 마취사로 취직하여 아주 만족해한다. 하루는 안과 수술 후 서로 마스크를 쓰고 있어 몰라 봤는데 어떤 미남 의사가 "네 남동생 해롤드이지?" 하여 깜짝 놀라 보니 지금은 그 엄마가 한국 제주도에 살고 있지만, 우리와 이웃에 살던 친한 집 아주 잘생긴 아들이었다. 안과 의사 과정을 밟는 중이란다. 그래서 뮤지컬도 같이 가고 얼마 되지 않는 기간이었지만 잘 지냈나 보다.

그 친구네로 말하면 우리가 이층집에 살 때 그 집 아들 둘이 와서 (2

남 1녀) 슬리핑백 에 들어가 계단을 미끄럼틀처럼 타고 내려오고, 수영도 같이하고, 스키도 같이 갔었고 여러 가지 인연이 많은 친구네이다.

내가 2010년 수술한 후 한국 갔을 때 그 친구가 나를 이상구 박사 건강 강의하는 곳도 등록해줘서 같이 갔다오고, 또 제주도로 이사한 다음에 가서 한 달이나 있다 왔다. 온돌방에 매일 장작불을 피워 따뜻한 방에서 지내게 하고 건강식을 매일 해 주었다. 매일 오름(제주도의 기생화산)도 오르고 고사리, 자연 달래, 쑥 등을 캐서 삶아 말려서 가지고 와 오래도록 잘 먹었다. 해수 목욕탕도 매일 다녔었다. 이제는 멀어 카톡 외에는 잘 만날 수가 없지만 생각할수록 고마운 친구이다.

큰 동생과의 영원한 이별

2000년 1월 6일 지난 연말 온 세계 사람들과 미디어들이 밀레니엄(Millennium)에 대하여 너무 떠들썩하게 흥분도 하고 한편으로는 여러 가지 염려들도 하는 가운데 새해를 맞이하였다. 나 역시 새 천 년을 맞는 세대가 공연히 행운 같기도 하고 특별한 흔치않은 이 세대에 살고 있음에 감사하였다.

내 영혼에 찾아온 햇빛

새 천 년을 맞이하며 그래도 이제껏 우리 형제들 큰 부자는 안 되었어도 다들 제 밥벌이하며 자식 낳아 건강하게 사는 것에 감사하고 있었다. 밀레니엄(Millennium) 첫 소식으로 큰동생의 암 소식이 들려왔다.

연말 술자리에서 배가 아픈데 기분이 이상하여지더란다. 연말 연시 공휴일이라 1월 3일에 의사한테 가서 종합검사 받고 오늘 결과가 간암 말기란다.

6개월 시한부 인생이 되었다는 전화를 받고, 정말이지 가슴이 철렁, 하늘이 무너지는 것 같은 참담한 심정, 무엇에 비교하리…

그 육 개월 동안 가까이서 병이 진전되며 고통 속에서 죽어가는 동생을 보며 인간으로서 아무것도 도와줄 수가 없는 한계를 느끼며 그렇게 동생을 보냈다. 정확히 6개월 살다 6월 20일에 만 50세 생일을 넘기고 3달 후에 가버렸다. 나의 밀레니엄(Millennium) 시작이 슬픔으로 시작되다니…

아들의 군 제대와 귀가

2000년 3월 아들이 제대 후 캘리포니아로 돌아오다. 보통 병과는 4년이면 제대인데 아들은 특별 병과라 6년을 복무하고 제대하였다.

매년 해군 배 안에서 제대자를 위해 각 회사들이 나와 직업 박람회(Job fair)를 한단다. 제대를 앞 두고 취직해서 나가는데 우리 아들은 산호세에 있는 컴퓨터 회사에 취직해서 왔다. 이사비용은 물론이고 처음 몇 개월 아파트도 빌려주는 꽤 괜찮은 조건이다. 아들이 제대하기 얼마 전부터는 부대 근처에 아파트를 얻어 독립해 지냈다.(거주비가 나온다고 한다). 쓰던 별 값어치도 없는 가구도 비용 대준다고, 17살에 사준 차도 잘 쓰다가 챙겨서 다 가지고 이사를 왔다. 집에서 며칠 쉬다 간 후 나 역시 궁금하여 얼마 지나지 않아 찾아 갔었다. 회사에서 얻어준 아파트에 살고 있는데 꽤 괜찮다. 회사도 구경 시켜 주는데 그냥 넓은 사무실에 각자 네모 공간이 막혀 있는데 입구에 아들 명찰 표가 달린 것도 마음이 뿌듯하다.

아들이 일 시작한 지 몇 달 안 되었는데 집에 왔다. 처음 직장을 시작한 아들이 의젓하고 대견하다. 그날 결혼식을 다녀오느라 좀 늦게 집에 돌아왔는데 창가로 나를 데려가더니 길 건너 가로등 밑에 세워둔 새차가 내게 주는 선물이란다. 너무 놀랍고 고맙고 기특하다. 군대에 있어 많이는 안 썼지만 자기 차도 헌차인데… 내 직장에서는 "네 아들 좀 빌려줄 수 없니!" 하며 축하해준다.

해군에 입대한 후 첫 휴가 때는 누나하고 짜고서 나한테는 온다고

　　　　　　　　　　　　　　　내 영혼에 찾아온 햇빛

알리지도 않고 내가 근무하는 병동에 하얀 제복에 꽃다발까지 들고 와서 나를 놀래 주었던 일, 나는 일한다고 별로 해 준 것도 없는데 미안스럽고 고마울뿐이다.

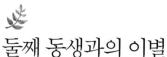

둘째 동생과의 이별

2002년 10월 20일 두 번째 동생이 똑같은 병으로 또 세상을 떠났다. 48세 반이다. 아버지가 지난 3월 말에 만 92세로 돌아가셨을 때 장례식에서 본인도 곧 죽을 것을 알면서도 아버지에게 따뜻한 편지를 써서 읽는 것으로 안녕을 고하고 사람들을 울렸지…

형 죽고 2년 4개월 만에 이럴 수가… 아버지 생전에도 부모님 모시며 제일 많이 수고하였었지. 이번에는 모든 형제들이 검사하고 보니 모두 다 간경화가 있단다. 옛날에 엄마는 무슨 병인 줄도 모른 채 항상 아프시다 52세에 돌아가셨다. 입원 후 28일 만에 돌아가실 때 간암이라고 의사들이 그랬었다. 그때는 X-Ray 외에는 별 진단에 도움이 되는 기계도 없을 때인지라… 그중에 감사한 것은 어쩌다 우연히 눌러앉은 직장에 건강보험, 은퇴제도 같은 것이 있어 지난 동안 10여 년 전 건강 보험도 없이 지낼 때 이런 일을 당하였더라면 하고 생각만 하여도 아찔해진다.

내가 그 병원 직원으로 들어갈 때에도 그런 혜택이 있다 하여도 92년 45살 그때만 해도 내가 젊어서 그랬는지 나에게 아파서, 늙어서 일 못 한다는 생각은 실감 하지도 않았었는데… 그래서 나는 조직 검사까지 하고 약 처방 주어 약을 먹기 시작했다. 그것도 보험 없이는 한 달 천 불 이상인 약을 먹게 해 주어 너무 고마웠다. 약 복용후 얼마 지나니 이건 완전히 딴 세상 만난 것 같다. 그동안 항상 피곤하여도 이민 생활에 일하며 어린애를 돌보며 남들도 다 그렇게 살고 있으려니 했던 내 생각에 너무 억울하게 살았었구나! 이제는 힘이 나고 의욕도 생기고 컨디션이 이렇게 다를 수가 없다. 이민 생활 힘든다며 나 자신을 돌보지 않고 무심하게 살았었구나.

딸의 이사와 첫 손녀 출생
2003년 6월 딸이 우리 곁으로 이사오다-2005년 첫 손녀 출생까지

드디어 사위가 모든 과정을 끝내고 둘이 다 직장을 구하여 이 근처로 이사를 왔다. 그동안 공부한다고 아기도 안 낳고 있어 연습한다고 아주 귀엽고 조그만 강아지 2마리를 분양해 기르기 시작했다.

한 마리는 아주 악착같고 다른 놈은 아주 하얀 털에 조그만 아기같이 얌전하고 순하다.

2004년 드디어 7년 만에 임신을 하였다. 7개월 되던 어느 날 내가 퇴근해 오는 길이었는데 딸이 막 울며 전화가 와서 유산이 되었나 가슴이 덜컹 내려앉았다. 이유인즉 쉬하라고 강아지 두 마리를 뒷마당에 내보냈는데 눈 깜짝할 사이에 작은 놈을 솔개(매, 독수리)가 물어 갔단다. 한동안 울며 너무 슬퍼했었다. 이웃에 있는 우리가 걷는 트레일에도 가끔 토끼를 채가다가 떨어뜨린 놈도 봤었지… 미국은 다른 것은 다 커도 야생 토끼는 작은놈이 너무 귀엽고 어디서나 흔하게 볼 수 있다. 이 동네 골짜기에 토끼가 많아 그런지 솔개가 많이 산다. 그래서 길 이름도 Falcon글자가 들어간 곳이 많다. 우리 딸네 주소도 Falcon crest way이다.

2005년 1월 1일 새벽 4시에 큰 손녀가 태어났다. 그 병원 첫해 첫 아이라 병원에서 선물도 받았다. 양쪽 부모들이 너무 귀엽고 처음 보는 손녀인지라 신기하여 곁을 떠날 줄을 모른다. 아직도 다 가까이 살아 명절이든, 생일이든 다 같이 지내니 우리 딸이 편하다.

아들이 조종하는 비행기를 타고

2005년 8월 12 아들의 행보

그 사이 아들이 또 일을 저질렀다. 컴퓨터 회사가 지루하다고 CHP(California Highway Patrol) 고속도로경찰에 지원하여 들어갔다. 그 직종은 부모까지 신원조회를 FBI에서 하는 직종이라 2년이 걸린다는데 아무 말도 없다가 또 갈 때가 다 되어 통보한다. 이 녀석은 원래 가만히 있는 것보다 그저 움직이는 것을 좋아하는데 잘 찾아간 것 같긴 하다. 훈련 끝나고 그가 먼저 일하던 산호세로 지원하여 거기서 일하게 되었다. 그래도 먼저 직장 다니며 5년을 살았던 곳이라 친구도 있다. 우리 집에서는 5시간 정도 운전해야 가는 곳인데 자기 말로는 제일 적당한 거리라고 낄낄거리며 나를 놀려댄다. 물론 나는 가까운 곳으로 오기를 원하지만… 처음 순찰(Patrol)차 타고 근무할 때는 오토바이(Motorcycle)를 배우며 노는 날은 동호회에 들어 산과 바다로 돌아다닌 것도 나는 나중에 알았다. 그러더니 이번에는 Motorcycle 경찰이 되어 일하는데 그 시는 워낙 돈이 많은 부자 동네라 과외 근무 등 돈벌이도 쏠쏠한 눈치이다.

그때는 또 비행 학교에 다녀 어느 날 조종사 자격증까지 받았다.

결혼은 안 하고 그렇게 살아 내 마음을 졸인다. 몰랐었는데 어느 날 비행기를 공동소유(Timeshare)로 사서 비행기를 직접 운전하여 집에도 왔다.

한 비행기를 10명이 공동으로 사서 유지하면서 서로 인터넷으로 사용하는 시간을 정해서 쓰는데 9명이 거의 쓰지 않고 있어 거의 혼자 자유롭게 쓸 수 있단다. 그 사람들이 멀리 이사했거나, 늙었거나, 또 아프리카 사파리 비행 관광시키는 사람으로 가 있고 별로 쓰는 사람이 없단다.

내가 아들 집에 가서 한번은 샌프란시스코까지 나를 관광 시켜줬다. 그때 상공에서 찍은 여러 경치 사진을 돌려서 넣고 가운데는 둘이 비행기 안에서 찍은 것을 나는 액자에 멋있게 진열하여 놓았다. 아들이 하는 소리가 여러 명 태워줬어도 이렇게 해놓은 사람이 없단다. "나는 엄마니까 그렇지" 그때는 집에도 가끔 비행기 타고 와서 나에게 이 동네 구경도 시켜준다. 어떤 날 바람이 좀 세게 불어 어느 정도 올라갈 때까지는 꽤 흔들려 속으로는 많이 겁나고 걱정되었지만 엄마이기 때문에 아무렇지 않은 척 즐거워 할 수 있었다. 우리 딸은 아이들이 타고 싶다고 해도 절대 못 타게 한다. 사랑은 확실히 내리사랑 인가보다. 산호세 경비행장에 조금 돈 있는 사람은 차고 같은 곳을 세를 내고 그 안에 비행기도 세워놓고 완전 거실처럼 꾸며 쉬고 있는 사람들도 보였다. 새로운 풍경이다.

공동 소유(Time share) 비행기를 가지고 있을 때 나와 함께
샌프란시스코에 다녀올 때 찍은 사신들로 액사를 만들었나. 오른쪽 위는 Stanford 대학, 아
래는 Alcatraz 옛날 감옥이다.

꿈길에서 만난 언니

2005년 12월 15일

언니가 세상을 떠났다. 둘째 동생 죽고 3년 조금 지난 후이다. 언
니도 UCLA 병원 다니며 잘 견디고 괜찮았었는데 별안간 상태가 안
좋아져 꼭 3주 만에 가셨다.

내 영혼에 찾아온 햇빛

그 이전부터 반 농담 삼아 언니한테 우리 가문에 영광을 위하여 적어도 70살은 넘겨야 한다고 그렇게 부탁하였는데 69에 가다니… 손주가 귀여워 너무너무 사랑하더니 손주 돌잔치 한 달 남겨놓고서… 솔직히 너무 장례식을 자주하여 남에게 말하기도 쑥스럽고 공연히 저주받은 집안 같아서 그것이 나를 더 괴롭힌다.

지난 5년 사이에 다섯 번 장례를 치렀다. 84세, 92세 부모님도 그 사이 돌아가셨으니… 언니 얼굴이 얼마나 평안해 보이던지 잊을 수가 없다. 장례 치르고 얼마 지나지 않아서 언니가 내 꿈에 나타났다.

복사꽃이 눈처럼 흩날리는 과수원 같은 곳에 미닫이 창호 문이 달린 초가집에 내가 찾아갔다. 방문을 열고 나를 보며 아주 인자한 소리로 "재영아 네가 마련한 곳에서 내가 편히 잘 지내고 있구나"

나는 꿈도 잘 안 꾸지만, 꾸어도 금방 잊어버리는데 이 꿈은 아직도 너무 생생하게 보이는 것이 신기하다.

벨리의 사총사와 영국 무전여행

2006년 8월 우리 바로 가까운 곳에 좋은 트레일이 있다. LA에서는 귀한 개울물도 흐르고 철 따라 보라색, 노란색, 유채화를 포함한

야생화도 일 년 내내 많이 피어있다. 소나무 숲 등 많은 나무가 우거지고 그늘도 많은 일류 트레일이다. 그전에는 사슴 가족도 종종 있어 길에 사슴 조심 하라는 표시까지 해놓고, 늑대, 부엉이, 스컹크, 살쾡이까지 있었는데 요즈음은 그 트레일 저쪽 편에 집을 지어 동네가 생겨 거의 다 없어진 것 같다.

벨리의 사총사라고 우리 자신들이 이름 부친 우리 동네 친구 4명… 90년도부터 일 주일에 몇 번씩 걷고 점심 먹으며 입 운동도 하고 긴 세월을 같이 지냈다. 한 친구는 몇 년 전 여기서 30분 정도 거리로 이사하였는데 요즈음도 꾸준히 열심히 친구 보고 운동하러 온다. 초창기에는 나는 체력도 모자라고 일하느라 이럭저럭 핑계 대고 반 이상 빠졌는데 97년부터 열심히 걷고 여기 친구들 모두 마라톤 동호회도 같이 다니는 즐거운 동지들이다.

한 친구가 2006년에 LA times 신문에서 아주 저렴한 영국 여행 정보를 알려와서 처음으로 여행사 없이 우리들끼리 가기로 했다. 호텔도 허름하긴 해도 그냥 잠만 자고 전 날 밤 로비에서 각종 관광지 전단지 중 어디를 갈지 정한다. 아침 일찍 기차역으로 걸어 가서 그 팜프렛을 보여주면 기차 타고 어디서 내려 몇 번 버스 타고 가라고 알려준다. 그런대로 잘 찾아다녔다.

그렇게 해서 옥스퍼드(Oxford)대학의 해리 포터(Harry Potter)에 나오는 카페테리아(Cafeteria), 고인돌 세워놓은 스톤헨지(Stone

벨리의 사총사와 무전여행
벨리 4총사들이 영국으로 무전여행 갔을 때 2006년 8월
세번째 친구는 난소암 수술을 받고 항암치료 끝난 기념여행이 되었다.

henge), 왕궁 또 템즈(Themes)강가에 있는 런던 눈(London eye)
도 올라가서 상공에서 보는 영국의 경치, 고즈넉한 시골 마을에 연못
과 거의 2000년 된 성당들, 그 안에 오래된 묘비 등이 인상적이다.

하루는 Piccadilly 극장가에 갔더니 모든 뮤지컬(Musical)은 다 공
연을 하고 있는 곳이다. 그중 오페라의 유령(Phantom of opera)를 보
고 왔다. 미국에서 본 것보다 스케일은 작아도 여행지에서 보는 뜻깊
은 관람이었다. 런던 차이나타운(London China Town)도 가보고 여
기보다 음식값이 너무 비쌌다. 돌아오면서 그래도 미국이 제일 싸고
살기 편한 우리들의 고향이라고 깔깔거리며 즐거운 여행을 끝마쳤다.

PART 3

눈물샘이 변하여

생명수가

되었다

막내 동생의 전화위복

2008년 5월 19일 별안간 막내 동생한테서 전화가 왔다.

간 이식 수술을 하였다고 한다. 그 녀석도 나처럼 치료받고 있는 것은 알았지만 이식 소리는 없었는데… 이렇게 사람을 놀라게 하다니…

올케 말로는 정확히 언제가 될지 모르고 자기네도 3번째 불려가서 드디어 할 수 있었다고 한다. 얼굴도 많이 핼쑥하고 수술 자국도 매우 크다.

그래도 직장 다니랴 남편과 아이들 보살피며 사는 올케가 감사하고 애처롭다. 이 글을 쓰는 2020년 4월 동생은 잘 회복하여 몸도 좋아지고 직장도 잘 다니고 있다.

참 의술이 좋아졌다. 옛날 같으면 죽을 사람들, 요즈음 다 건강하게들 살고 있다.

산불의 와중에 강도를 만나다

2008년 10월 18일 그날도 밤 근무를 하고 와서 자고 있었다. 그런데 가방에 있는 전화 벨이 울려서 잠이 깨었다. 누구한테 온 전화인가 받으려고 상체를 일으키려고 하는 순간 별안간 누가 방문을 걷어차며 꼼짝 말고 이불 뒤집어쓰란다. 내가 문단속을 잘 안 하여 당하는구나! 순간적으로 생각하며 이불 속에 있는데 내 심장 뛰는 소리가 어찌나 크게 들리던지. 그때 내가 생각한 것은 이렇게 나쁜 호르몬이 나오면 암에 걸릴 텐데 특히 우리는 형제들이 간암이 있어 그 걱정이 제일 컸다.

"하나님, 이번에 나를 살려 주시면 내가 꼭 교회에 나가겠습니다"라고 기도하며… 친구가 매일 교회 나오라 하면 일 한다고 핑계 대고 갈 생각도 안 하고 있었는데…

남편이 며칠 있으면 한국에 갈 일이 있어 현찰을 찾다가 돈 봉투를 내 유니폼 넣는 서랍 문짝에 기대어 놓으며 "도둑이 들어도 이것은 못 찾을 거야"라는 생각을 우연히 했었다. 돈 어디 있냐고 하여 가르쳐 주었는데도 정말 못 찾고 있다. 재차 물어봐 거기 있다고 하니 내 유니폼을 다 방바닥으로 내던지더니 찾았다. 아들이 내가 밤

내 영혼에 찾아온 햇빛

번하고 빈집에 혼자 있다고 초창기에 알람장치를 했었다. 한두 번 내가 실수로 알람을 울려 너무나 놀란 후론 알람 이용을 중단했는데 이런 일이 생겼다.

강도는 내 손발을 내놓으라더니 묶어 놓고 꼼짝하지 말라고 했다. 그동안 이불 속에서 용기를 내어 들치고 쳐다보려 해도 용기가 나지 않아 차마 못하였다. 그날 남편은 장례식에 갔다. 나는 차를 차고에 정비하러 보내 집에는 차가 없었다. 뒷마당에서 들어오는 문을 잠그지 않아 좀도둑이 들어왔다가 사람이 자고 있어 강도로 돌변한 것 같다. 한동안 조용하여 전화기를 봤더니 딸이 전화를 정오에 했었다. 경찰에 신고 전화부터 했는데 그 교환이 경찰이 도착할 때까지 전화 끊지 말고 있으란다. 혹시 무슨 일이 생길지 모르니 계속 이야기를 시키고 물어본다. 경찰 도착을 기다리는 시간이 왜 이렇게 오래 걸리는지 시간이 너무 길다.

드디어 경찰이 도착하니 그제야 나는 울음이 터져 버렸다. 그 경찰 말로는 강도치고는 유치원생이란다. 나는 웬만하면 말하는 소리를 들으면 인종을 대강 잘 맞추는데 그날은 흑인도, 백인도 아니고 아무래도 동양인 같았었다. 그 와중에도 아주 무섭게 겁나는 말, 목숨을 위협하는 말도 안했다. 어폐가 있지만 나름 조금은 선한(?) 목소리와 말투였다. 내 손발 묶은 줄도 옆방 재봉틀과 컴퓨터 줄을 가져와 사용했다. 그날 경찰이 늦게 도착 한 것은 우리 동네에 산불이 나서 옆 동네에서 지원 온 경찰이란다. 사진, 지문 찍는 사람들이 올 때까지 경찰이 집에서 기다려준다. 기다리는 동안 방바닥에 있는 유니폼을 보고 어느 병원 일 하냐고 물어보아 알고 보니 같이 일하는 예쁘고 젊은 간호사 Angie의 남편이다. 그애 남편이 경찰인 것은 알고 있었지만 어느 곳에서 일하는지는 몰랐다. 이 동네 경찰이 산불 때문에 바빠 옆 동네에서 지원 나온 경찰이 또 바로 그 Angie의 남편이라니.

우리 딸도 불이 나서 대피하라고 하여 우리 집으로 오려고 전화하였는데 안 받아 동네 한국마켓에 있다고 하며 너무 놀라는 것이다. 불 시작이 아침 10시 30분이라니 나는 불 난 것도 모르고 있었다. 나중에 Angic와 그 남편을 초대하여 갈비 등 한식으로 저녁을 대접하여 주었다. 살면서 별의 별 경험을 다 해보았다.

미국 동네 반상회

2008년 10월 29일 우리 동네에서는 내가 집에서 강도를 당한 소식에 난리가 났다. 이 동네는 옛날 동네라 애들도 없고 집집마다 우리 같이 노인들만 산다. 외부인은 거의 다니지 않는 아주 조용한 동

내 영혼에 찾아온 햇빛

네다. 1979년에 이사 들어 올 때만 해도 이웃에 애들이 있었다. 애들 자란 후에 작아진 깨끗한 옷도 서로 돌려 입고 할로윈데이에 캔디 얻으려고 애들도 제법 왔었는데 요즈음은 그런 날에 오는 아이들도 없어졌다.

우리 집에서 위로 두 집 건너 조그마한 공원이 있다. 이곳이 언덕 동네이니 아이들 자전거, 롤러스케이트도 거기서 배우고 아기들한 테 꼭 필요한 평지 공간이다. 그런데 요즈음 어느 동네에서 오는지 주말이면 아이들 축구팀에서 와 연습도 하고 게임도 하여 토, 일요 일에는 한가한 동네가 주차도 많이 하고 조금 복잡해졌다.

그것이 동네 사람들에게 불만으로 나타났다. 그래서 오늘 이 동 네 경찰서에서 나와 그 공원에서 반상회(?)를 하였다. 사람들이 나 에게 많은 질문도 하고 앞에 나가 설명도 하였다. 그날 경찰서에서 는 이 공원에서 축구 시합을 할 수 없도록 큰 바윗돌이나 나무를 심 어준단다. 그래서 단체 게임을 할 수 없을 만큼만 촘촘히 나무를 심 은 것이 다들 잘 자라고 있다. 효과 100%이다.

그리고 이웃 지키기(Neighborhood) 시스템도 만들어 동네 곳곳 에 사인판도 붙이고 명단도 만들어 공유했다. 그 후에 별탈 없이 오 늘날까지 평온하다. 내가 희생양이 된 기분이다.

새롭게 시작한 믿음 생활

2009년 2월 성경 공부를 시작하면서 교회도 자연스럽게 나가게 되었다. 오랜 친구의 설득이 있었지만 결과적으로 한대 얻어 맞고 (강도 당할 때 이불속에서 기도로 했었지) 나가게 되었다. 이민 초기에 아이들을 교회에 다니게 하려고 한 3~4년 내 딴에는 꽤 열심히 다니기도 했다.

내가 하는 일이 주말에도 일을 해야 되지만 (주로 격주로) 아이들 기르는 데 도움이 될 것 같아 내가 힘들어도 억지로 다녔다. 그래서인지 우리 딸 4학년 때 학교에서 "어떻게 하면 좋은 세상을 만들수 있을까?" 하는 작문을 썼는데 잘 썼다고 앞에 나가서 읽었단다. 어떤 내용인지 자세한 것은 생각이 나지 않지만, "내가 먼저 남에게 모범이 되어야 한다"고 했던가. 그때 내 생각으로는 그것이 다 교회에서 보고 들은 소리였겠지라는 생각을 하였다.

교회 가는 날 어린 딸이 과자, 빵 같은 것도 구워서 가져가 나눠 먹고 즐거워 했었다. 그때 이민교회에서 흔히 있었던 교회가 갈라지면서 나 같은 사람은 잘됐구나 하고 교회에 가지 않은 것이 30년 만에 다시 교회에 발을 들여놓은 것이다.

내 영혼에 찾아온 햇빛

결국 자식들은 교회에서 멀어져갔다. 내가 그랬듯이 한창 아이들하고 힘들 시기이니 갈 생각도 안 한다. 그것이 내 인생에서 가장 큰 실수이고 후회가 되는 일이다. 나 역시 살기 바쁘다는 핑계로 오랜 기간 떠났다가 환갑 나이에 돌아왔으니 그 애들도 늦게라도 교회에 나가 믿는 사람으로 살았으면 좋겠다.

간암과 위암의 위기 앞에서

2010년 2월 5일

나는 지난 근 10년 동안 정기적으로 간암 검사를 하고 있었다. 1월에 피검사 에서 간암 수치 AFP가 37로 올라갔단다(6까지가 정상). 항상 혹시나 하였던 것이 역시나가 되었다. 1년 3개월 전인 2008년 10월 18일 강도한테 놀라며 제일 먼저 걱정한 것이 현실로 되었다. 내가 진단을 받고보니 아무리 가까운 형제가 진단 받아도 그 심정을 100% 이해가 안되는 것이다. 다시 또 미안한 마음이 생긴다.

2010년 2월 23일

Repeat MRI ＊ 피검사 AFP ↑ 79, 1.8Cm. 0.7Cm 나타났다. Dr.

Dreskin이 전화로 Sunset 간이식 센터로 보낸다고 한다.

2010 년 3월

선셋 카이저 병원 Dr. Evrason 에게 갔더니 당장 간이식 프로그램에 넣는다. 간이식 환자는 먼저 가족과 사회복지사와 상담을 해야한다. 비싼 수술을 해 놓고 가족의 보살핌이 없어 실패 할까봐 가정환경을 평가하는 것이란다. 가족이 많이 참석할수록 좋다고 하는데 며칠 있으면 딸네와 휴가를 가니 다녀올 때까지 비밀로 하고 싶다고 하였다. 손녀들이랑 다 들떠있는 휴가 망치기가 싫어서 다녀와서 전화해 연락하기로 하고 떠났다.

3월 17-21일

예정대로 애리네와 같이 맴모스(Mannoth)에 가서 신나게 스키도 타고 즐겼다. 날씨도 좋고 눈도 너무 많다. 사람도 적고 너무 한가해 돌아가며 아기를 보면서 반나절씩 탔는데도 바쁠 때 하루 종일 탄 것보다 더 많이 탔다. 손녀 Natalie 도 아침에는 울면서 스키학교를 안 하겠다고 했었다. 젊은 미녀 선생이라 마음이 바뀌었는지 한 2-3시간 연습하고 곧바로 산으로 올라가 귀엽게 제법 잘 타고 즐긴다. 3일째도 피곤하니 가지 말라고 해도 간다고 하여 3일 연속으로 갔다. 오는 길에 계속 "Now I'm a Skier!" (이제 나는 스키어야)하면서 말이다. 월요일 첫날 스키 타러 산에 올라가니 전화가 울리기 시작한다. 간 이식 준비로 여러 부서에서 약속 날짜를 알려준다. 처음에 몇 건은 외운다 생각했는데 수도 없이 울려서 전화기를 꺼버렸다. 딸도 웬 전화가 자주 오냐며 의아해한다. 1주일 후 집에 와보니 메시지가 38개나 된다.

산에서 돌아오기 전날 밤 왠지 딸이 내 방에 와서 많이 늦었는데도 안 올라가고 이 얘기 저 얘기를 한다. 내가 휴가 망치기 싫어서 집에 간 다음에 말하려고 했었는데 아이들과 사위도 자고 단둘이 조용한 기회고 또 아침이면 집에 가니까 말해버렸다. 애리도 너무 놀라서 둘이서 한동안 부여안고 울었다. 낮에 스키 타면서도 나 자신이 "어떻게 내가 간암 환자란 말이야!" 도무지 믿어지지가 않았다.

3월 23일부터 2주간 간이식 수술을 위한 정밀검사하였음

이 세상 검사란 검사는 다한 것 같다. 모든 피검사, 내시경들, 뼈 스캔(Bone Scan) 등 안 한 것 없이 다하여 이번에 살면 정말로 몇 백 년 살 것이라고 아빠에게 농담도 하였다. 피 검사 때 피를 21 tube를 뽑아 나는 또 눈물이 났다.

2010년 4월 6일

오늘은 이 세상 최악의 날이다. 어떻게 이런 청천벽력이 또 있을까? 나에게 왜 이런 이중 사형 선고가 내릴 수 있을까? 전화 메시지가 내시경 닥터 한테서 온 것을 듣는 순간 예감이 불안하다. 뭐라는 말은 없었는데도…

다시 내가 전화하니까 이렇게 전화상으로 안 해야 되는 건데 하면서 위 내시경 검사할 때 조그만 궤양이 있어서 조직검사를 하였는데 위암 초기란다. 8mm짜리란다. 평소 Iron stomach(철 밥통(위))이라고 너무 자신하고 그동안 별이상도 못 느꼈는데 이것이 또 웬 말인가? 정말이지 하늘이 노랗고 무너져 내리는 것 같다. 간이식 대상에서도 일단 제외된다니 도대체 어떻게 해야되나? 간암 진단 받는 날보다 몇 배 더 충격(Shock)이다… 애초에 간이식 처음 상담할 때 다른 암이 있으면 간이식 잠정 취소되고 그 암이 다 치료된 후 2년동안 재발이 안되면 다시 이식 명단에 들어갈 수 있다고 말했었다.

막상 내가 이렇게 되고 보니 그래도 남편밖에 없는 것 같다. 차분하고 씩씩하게 나를 안정시켜 준다. 오늘 점심은 시누이와 딸하고 외식하기로 되었는데 양쪽 모두 핑계 대고 다 취소하고 하루 종일 눈물로 보냈다. 그래도 저녁에는 동료들과 정기적으로 다니던 뮤지컬 공연을 아무렇지 않은듯 보고왔다. 아직은 남에게 숨기려는 의도가 있어서 더더욱 갔는데 아무래도 기분도 그렇고 별로였다. 이 사실을 어떻게 딸과 아들에게 말할 수 있을까? 도무지 용기가 나지 않았다. 아이들이 놀랄 생각을 하니 가슴이 저려온다.

내 영혼에 찾아온 햇빛

2010년 4월 8일

아들이 오래간만에 소식을 듣고 집에 왔다. 지난 7월에 잠깐 집을 다녀간 후 전화 연락도 안 하더니 누나한테 내 소식을 듣고 놀라서 온 것이다. 그동안 그렇게도 무심하게 리턴 콜 (return call)도 안 해 주니 "나쁜 새끼".....

만나면 등짝이라도 때려 줄려고 마음 먹었었는데 막상 만나니 다 잊어버리고 너무 반갑고 감격스러워 그저 끌어안고 울기만 하였다. 이 녀석이 그동안 마음이 변하여 집안 식구를 멀리하나? 뭐 나쁜 길로 빠지거나 무슨 신변에 이상이 생겼나? 별의별 상상을 다 하였었다. 막상 만나니 여전히 다정하고 생각이 든든한 나의 아들이었다. 이 와중에서도 내 마음을 더 흐뭇하게 만든 것은 집을 사서 3월 말에 이사해 놓고 온 것이란다. 내가 생각했던 이 녀석이 도박에 빠져서 돈을 다 날려 버렸나? 혹은 사기를 당했나? 마약을 하나? 온갖 망상을 다 날려버린 소식이다. 지난 7월 이후 고속도로 경찰 훈련을 2개월 받고 5개월째 근무 했단다. 나는 좀 걱정스러웠지만 저는 아주 재미있고 좋아한다니 어쩌랴. 집 사느라 그동안 열심히 오버타임 일도 많이 하느라 집에도 그렇게 연락도 없이 그랬나 보다. 아마도 그렇게 나를 놀라게 만들고 싶었나보다.

2010년 4월 11일

오늘은 애리 생일이라 애리 시댁에서 저녁에 모여서 즐겁게 지내다. Harold(아들)이 있으니 여전히 웃음바다가 된다. 내가 봐도 Humorous(재미있는)하고 재치있게 사람을 즐겁게 만드는데 왜 여자 친구가 없는지 모르겠다. 그저 여가시간에 오토바이 타러 다니고 위험한 짓만 골라 하며 혼자서 즐기고 있으니… 언젠가 나한테 자기 혼자 벌어먹기도 어려운데 어떻게 남까지 책임을 질 수가 있냐고 농담삼아 말 했었다. 그래서 남자든지, 여자든지 철없을 때 결혼은 해야 하나 보다.

치료하시는 하나님의 손길

2010년 4월 12일

저녁에 딸과 아들이 함께 있는 데서 드디어 아빠가 아이들에게 엄마가 위암까지 발견이 됐다는 소식을 전하였다. 물론 아이들이 너무 놀랐지만 애리는 하루 전에 일하면서 컴퓨터 쳐보고 알았단다. 그래서 일하면서도 사이사이 하루종일 울면서 지내고 왔단다. 저녁에 사위 Peter도 소식 듣고 같이 울었다고 한다. Peter가 자기 한 달도 휴가 낼 수 있으니까 내가 어디 가고 싶으면 얼마든지 가자고 하며 딸애리가 나에게 말한다. "Peter가 엄마 많이 사랑해. 엄마는 사위라고 생각지 말고 아들 하나 더 생겼다고 생각해." 나는 또 감격하여 울어 버렸다.

돈 모자라도 걱정하지 말라고 하는 딸, 아들도 순전히 혼자 힘으로 조그마한 타운 하우스라도 장만하여 살고 있으니 나는 정말이지 걱정은 없다. 외손녀 둘이 또 항상 나를 즐겁게 하고 언제봐도 귀여워 이제부터는 은퇴 눈 앞에 두고 즐겁게 살 날만 남았는데 이런 난관이 나에게 닥치다니 믿어지지 않는구나. 교회 다닌 지 1년도 채 안되어 일생의 최고의 고난이 겹치기로 생기니 원망이 많이 되었다. 하나님이 나를 저주한 것 같아. 이제 새로 시작한 교회 생활도 행복하고 마지막 빈 공간까지 꽉 찬 인생 같았었는데.

정말이지 하나님은 나에게 인내하는 것을 가르키시려고 이런 연단을 내리셨나?

하나님 말씀대로 기쁨을 두 배로 주실려고 이러시나?

아직은 남을 위하기는커녕 나를 위한 기도도 잘 못 하는데 이렇게 되다니?

친절한 교회 식구들에게 내가 무엇인가를 베풀어 보기도 전에 내 꼴이 이게 무엇인가?

너무나 머리가 복잡할 때 그래도 교회에 가면 목사님의 설교가 꼭 나를 두고 나에게 하시는 말씀들 같아서 위로가 된다. 매일 눈물로 지내는 중 어제 교회에서 별안간 내 머리에 아니, 내가 왜 이렇게 울고 지내지? 나는 정말이지 행운이지. 남들 같으면 발견할 수도 없는 것을 아주 시초에 다 발견했는데 현대의학으로 그것쯤이야 못 고치겠어! 늦게 발견하는 것이 문제지라는 생각을 한다.

그렇게 생각하니 기분이 훨씬 가벼워지기 시작한다. 그래, 나를 진정한 하나님의 딸로 만드시려고 이러시는 거야. 그저 되도록이면 성경 읽고 하나님께 기도하며 친절하고 자상한 하나님이 보내신 모든 Kaiser 닥터들을 믿고 의지하면 모든 것이 다 잘될 거야. 그런 마음이 생기면서 남들과도 훨씬 평안하게 이야기 할 수 있게 되었다. 그전까지는 저주받은 것 같아 남에게도 쉬쉬하며 숨겼었다.

2010년 4월 12일

오늘은 저녁에 안 사돈 합창단 음악회에 갔다가 좀 늦게 집에 오니 집안 불이 다 꺼져있다. 차고 리모컨은 안 가지고 나가서 할 수 없이 문을 두드리니 아들이 열어준다.

그저 반자동으로 아들 방으로 뒤따라 들어가서 모처럼 그동안 밀렸던 이야기며 서로 껴안고 울기도 하고 늦도록 오랜만에 많은 대화로 좋은 시간을 가졌다.

나이가 들어가도 언제나 사랑스러운 나의 아들, 손주와 딸, 사위

내 영혼에 찾아온 햇빛

등. 이런 자식들을 두고 내가 떠날 수는 없지. 어떤 고통이 따르더라도 이겨내고 살아야지. 물론 살게 될 거야.

2010년 4월 13일

오늘 저녁은 온 식구가 식당에 가서 저녁을 했다. 그 자리에서 아이들 아빠가 소주 한 병을 다 마셨다. 그래도 아무 표시가 안 난다. 그것까지는 좋았는데 집에 오기 전에 아이스크림 집에 가는데 술 한 병을 마신 아빠가 고속도로 경찰 아들 앞에서 'I will Drive. I can drive." 한다.

아이스크림 집에서 나오는데 남편이 아들을 제쳐두고 나더러 운전하란다. 아들한테 되게 당한 모양이다. 그래서 내가 이제 조금만 가면 되는데 공연히 분위기 이상하니까 그대로 타고 가라고 하고 나는 딸 차로 왔다. 아침에도 아빠는 기분이 안 좋아 골프장으로 첫 새벽에 도망치듯 나가 버린다. 그래서 아들에게 "왜 그랬냐고, 좀 심하게는 하지 말라고" 했다.

그러나 아들의 생각은 분명했다. 고속도로 경찰의 입장으로, 이 중요한 시점에서 아빠가 그렇게 운전 잘 할수 있어도 혹시 상대방 잘못으로 사고가 날 경우도 있다는 것이다. 요즈음 음주운전은 3개월씩 차도 뺏기도 하고, 면허증도 정지 당하고 변호사비 1만4천 불, 차 찾는데 몇 천 불, 또 엄마 병원 약속 매일 가야 되는데 큰 차질이 생기면 정말이지 큰일인데 하면서 야단이다. CHP 아들 앞에서 크게 실수를 한 것은 사실이다. 아들이 한 말은 "지금 이 중요한 때에 아빠 잘못으로 엄마 치료에 차질이 생겨 무슨 큰 일이라도 나면 평생 용서 못 하겠다"고 아직도 화가 나 있다.

아이큐 좋은 남편이 왜 그런 실수를 했는지 나로서도 이해가 안되는 대목이다. 그날은 아들에게 야단을 맞으려고 작정을 했나보다. 세월이 흘러 부모일지라도 잘못하면 자식에게 야단 맞는 나이가 되다니……

2010년 4월 14일

오늘은 아들 Harold와 같이 코스코(costco)관광(?)을 갔다. 아들은 혼자이니 이런곳에 갈리가 없다. 새 집도 사서 갔으니 뭐든지 집에 필요한 것 사라고 간 것이다. 다 싫다고 또 필요 없다고 하여 타월 등 몇 가지만 샀다. 돌아오는 길에 극장에 가서 코믹한 영화 My Family wedding이라는 것을 아주 재미있게 보고 부담 없이 오랜만에 기분 전환을 했다. 그것도 아들과 데이트도 하고 음식을 샀다. 애리네로 가서 저녁을 다 함께 먹었다. 하루가 즐거웠다.

내 영혼에 찾아온 햇빛

아들 집을 방문하는 날

2010년 4월 17일 (Saturday)

오늘은 아들이 자기집으로 돌아가는 날, 나와 남편이 따라 가기로 했다.

아들 Harold는 자기 집에는 아직 TV도 없고 우리들이 어디 구경도 싫다니 나름으로는 걱정인 모양이다. 아빠가 어디 가서 오래 안 있는 성격을 아니 차라리 1박 2일로 아들 차로 같이 올라갔다. 수술하게 되면 한동안 못 갈 것이고 얼른 가서 아들 새로 이사한 것도 보고 싶고 하여 따라가는 것이다. 정부에서 이때에 첫 번째 집을 사는 사람에게 8천 불 줄 때여서 아주 적기에 잘 산 것 같다.

가는 길에 집에서 3시간 정도 가면 허허벌판 농장 사이에 유명한 스테이크 하우스가 있다고 점심은 거기서 먹기로 예정하고 떠났다. 아주 운치있고 맛있게들 먹었다. 허허벌판에 식당, 모텔, 주요소, 작은 경비행장이 딸려 있다. 조금 떨어진 곳에 수만 마리의 엄청 큰 소 농장이 있다. 식당에 Drive in or Fly in이라고 쓰여 있는 것을 보니 여기 부자들의 생활이 엿보여진다. 가는 길에 아주 큰 호수가 있는데 이번에 보니 물이 가득차 있다. 지난번에는 너무 많이 줄어서 물 절약하라는 것이 이해가 갔는데 올해 잦은 비에 이렇게 물이 불어서 마음이 뿌듯하다.

2010년 4월 18일

아들네서 하룻밤을 잘 잤다. 아래층은 거의 차고이고 이층으로 가면 그래도 제법 시원한 창문이 많은 거실이다. 끝에 있는 집이라 앞이 훤히 터져 먼산이 보이는 것이 좋았다. 부엌, 내가 좋아하는 Island가 있고 거실(Dining Room)에 방2개 , 화장실2 의 단촐한 거주공간이다. 혼자 살기는 충분하고도 남는다. 그 동안에 차고에 캐비넷도 설치하고 자전거락을 만들어 걸어 놓았다. 차 2대, 모토싸이클에 연장 넣는 빨간 캐비넷 등 제법 부자인 것 같으다.

아침에 일어나 발코니에 둘 바베큐 그릴을 사러 갔다. 내가 새것을 사자고 하니 이런 것은 어차피 금방 헌것 되고 구태여 비싸게 살 것 없단다. 이 녀석 물건 사는 것 보니까 생각보다는 꽤 여물어 보인다.

오후에는 부자 동네에 있는 산 위의 좋은 골프장을 가봤더니 너무 근사하여 사설용 인줄 알았더니 공용(퍼블릭)이란다. 아빠는 방문한 김에 한번 쳐보길 원했으나 다음으로 기약하고 돌아왔다. 7월에 다시 갈 때는 골프장비를 준비해 가기로 했다. 골프치는 사람은 거기도 거의 다 한국 사람들이다. 갈 때는 아들 가는 차편으로 갔지만 올 때는 비행기로 내려 왔다. 짧은 여행이지만 나에게는 아주 흐뭇한 나들이었다.

2010년 4월 21일

오늘은 선셋 병원 수술의 Dr. Difronzo 를 만나서 5월 19일로 수술 날짜를 잡았다. 우리 딸이 같이 갔었는데 의사가 진짜 같지 않고 TV에나 나오는 의사 같다고 한다. 무슨 소리인가 했더니 너무 귀엽게 잘 생긴 남자라는 소리란다.

나 같이 먹는 것 좋아하고 잘 먹는 사람이 위를 잘라내게 생겼으니 무슨 맛으로 사나? 수술 바로 전에 어머니날, 내 생일이 있으니 잘 먹여 주겠단다. (남편과 딸이 하는 말) 아직도 식욕 좋고 소화 잘 시키고 하는데 어떻게 보면 의학발달로 생명 연장도 되지만 어떻게 생각하면 고통도 그만큼 길게 당하는 것 같다.

2010년 4월 22일

오늘은 Ursula네 아침 식사 모임에서 몇 친구들과 만났다. 간다고 하긴 했지만 여러 사람 아침 식사 기분 망치기 싫어서 안 갈려고 했는데 Ursula가 전화하여 오라고 간곡히 부탁한다. 누가 말 안 했어도 자기는 다 눈치챘다며 자기는 눈치 느린(Stupid old lady)가 아니란다. 와서 수다를 떨면 나 역시 기분이 훨씬 좋아질 것이란다. 자기는 5월 13일 독일에 가면 몇 달 동안 못 볼 텐데 꼭 만나야겠다고. 그래서 가게 되어 다른 사람 떠난 후에도 2~3시간 더 이야기하다가 돌아왔다.

참 Ursula네 집에 모인 이유는 오래전부터 벼르고 있던 Ursula 엄마가 일류로 짠 옷 종류를 와서 보고 가져가라는 것이다. 나는 수술 후 사이즈가 줄을 것이라, 옷보다는 쇼올 몇 개와 아기들 옷 몇 개를 가지고 왔다. 30년도 넘은 옷이지만 너무 예쁘고 정교한 뜨개질들이다. 그중 남색 원피스에 치마 밑 부분은 색동같이 짠 것인데 손녀 Nicole이 보자마자 홀딱 반하여 얼른 갈아입고 있다가 내 품에서 잠이 들었다. 자는 모습이 천사 같고 너무 예쁘다. 한없이 물끄러미 바라보며 저절로 기도가 나온다. "하나님 아버지, 이 사랑스러운 나의 손녀들 앞길에 건강과 행복을 주시옵소서. 하나님의 자녀 되게하여 주시옵소서. 아멘.

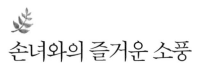

손녀와의 즐거운 소풍

2010년 4월 28일

큰 손녀 유치원에서 딸기 농장으로 견학 가는 날이다. 애리가 일하는 날이라 할머니 할아버지가 함께 가기로 하였다. 아침 10시 30분까지 무어파크에 있는 농장으로 데리고 간다. 각종 농작물에 대한

내 영혼에 찾아온 햇빛

설명도 듣고 딸기밭으로 가서 딸기맛이 얼마나 연하고 달콤한 지 Natalie도 자꾸 먹으며 "it's sweeter than sugar" (설탕보다 달콤하다) 한다. 아이들은 조랑말(Pony)도 타고 돼지 등 동물도 보았다. 놀이터에서 놀다가 소변기 Pota Potty (간이 화장실) 사용을 거절하여 근처 골프장을 다녀왔다. 맛있는 점심을 골프장에서 먹고 다시 가서 식구들을 위한 딸기를 더 따가지고 오다. 모처럼 손녀딸과 오붓한 데이트를 즐긴 흐뭇한 날이었다. 볼수록 예쁜 손녀이다. 손녀가 있어 이 세상이 너무 행복하다. 우리 애들 기를 때는 바빠서 이렇게 사랑스러운 지 모르고 지낸것 같다.

2010년 4월 29일

아침 운동으로 걸었다. 점심은 Helen 집에서 오랜만에 병원 친구들과 만나고 저녁은 고교 동창을 시내에서 만나 그동안 이야기를 나누었다. 꼭 이렇게 하루에 다 몰리게 되는지 모르겠다.

인영이, 경자, 영숙, 지선이에게 모든 것을 말하면서 그저 기분이 착잡하였다. 그러나 많이 진정이 돼 있어서 괜찮았다. 경자가 저녁 값도 내고 맛있는 오렌지도 사주어서 가지고 왔다. 인영이 이름 때문에 별안간 생각이 스치고 지나간다. 우리들은 일 년에 몇 번씩 가까운 옥스나드 해변에 가서 백사장도 걷고 운동하고 그곳 한국횟집에 들린다. 어느 날 우리들이 인영아, 인영이 하는 소리를 주인아줌마가 이년이—이년아로 듣고 얼마나 친하면 그런가하고 의아해 하여서 배꼽을 잡았다.

2010년 4월 30일

오늘이 4월 마지막 날이구나. 반년이 거의 다 지나간 느낌이다. 이 새달 5월은 나에게는 아주 중요한 생사가 달린 수술이 있는 달이다. 아주 초기이고, 최첨단 현대의학에, 또 교회에서나 주위에 많은 사람이 기도하여 주시니 물론 잘되겠지만 그래도 가끔은 무서운 생각이 든다.

오늘 금요예배 때에도 목사님이 이름을 거론 하시지는 않았지만 모두 다 함께 기도하여 주셨다. 웬만한 교인은 다 아는성 싶다. 염치없고 부끄러운 생각 밖에 안 든다. 또 빨리 나아서 나도 다른 사람을 위하여 봉사하고 남에게 희망을 줄 수 있는 사람이 되었으면 하는 바람도 있다.

2010년 5월 13일

오늘 내가 63살이 되는 날이다. 마침 한국에서 사촌 시누이 부부가 와 있을때라 중국타운 해산물 식당에 가서 정말 맛있게 마지막 만찬을 온식구와 즐겼다. 며칠 있으면 이 튼튼한 밥통도 없어질 것이라 그야말로 마지막 만찬이다.

내 영혼에 찾아온 햇빛

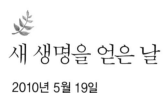

새 생명을 얻은 날

2010년 5월 19일

드디어 수술 날이다. 진단 받고 또 재차 검사를 다시하여 확인 진단 받고도 한 3개월 후인 것이다. 간과 위 두 가지 수술을 동시에 하니 두 의사가 같은 시간에 들어와야 하니 이렇게나 늦게 날짜가 잡힌 것이다. 처음에는 그동안에 암이 더 많이 자라면 어떻게 되나 불안했다. 3년 전 난소암을 수술한 친구는 자기는 진단받은 바로 다음날 수술했는데 이렇게 오래 기다리면 어떡하냐고 걱정을 많이 해줘서 하루하루가 조급하고 불안했지만 어떡하랴, 그렇게뿐이 시간이 안 된다는 걸… 걱정할 필요는 없다고 의사는 그러지만 당사자만 안다. 그 불안한 심정을.

아침 7시에 수술방에 들어갔는데 깨어보니 밤 11시 병실에 누워 있다. 깨어난 걸 보니 살긴 살았나 보다. 여기저기 튜브는 많이 달려 있고 생전 처음 당한 대수술이었다. 물론 진통제가 계속 들어가고 있지만 견딜만하다. 살고 싶은 의욕이 대단한 지 하루 지나고 이튿날은 복도로 나가서 몇 바퀴씩 걸었는데 상태가 거뜬하다.

수술 이전에 이미 설명을 들었다. 위암은 조그만 것이니 바느질하듯이 그 부분만 떼어내 그냥 꿰매면 되는 줄 알았더니 위치상 나는 위 전체를 떼어내고 식도에다 소장을 바로 붙였단다. 그런데도 연한음식을 3일째까지 주고 제4일부터는 연어, 닭고기 등을 배식한다. 물론 입맛도 없지만, 도저히 먹히지 않는다. 잘 씹어 먹기만 하면 된다는데도 내가 겁이나 못먹었다. 나중에 집에 와서도 버릇이 안되어 가끔 오래 씹지도 않고 삼켜 고생을 많이 했다.

별안간 잘 먹지도 못하니 소파에 앉아만 있어도 너무 기운이 없고 몸무게도 무섭게 매일 줄어든다. 이렇게 산다면 차라리 죽는 것도 괜찮겠다 싶어졌다.그러다 이것 또한 다 지나가리라 생각하니 언제부터인가는 오히려 몸이 가벼워지면서 활력이 생겼다. 집에 와서는 너무나 많은 사람들이 죽을 쒀다 주어 2개월을 꼬박 죽만 먹고 지냈다. 매 2시간마다 밤낮없이… 아들도 수술하고 며칠 있다가 갔는데 퇴원하는 날 나를 놀라게 하느라 몰래 또 와줘서 나를 행복하게 해줬다.

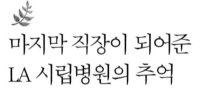

마지막 직장이 되어준
LA 시립병원의 추억

내가 일하던 LA 시립병원에 감사하는 마음으로 잠깐 소개를 하려고 한다.

내 영혼에 찾아온 햇빛

이 병원은 1920년에 결핵 요양병원으로 시작을 하였답니다. 그래서 산을 끼고 엄청 큰 부지 위에 아직도 여기저기 조그마한 방갈로 같은 건물들이 많이 남아 여러 가지 사무실, 은행(Crit Union)과 여러 용도로 아직도 쓰이고 있습니다. 그리고보니 올해가 100주년 이네요.

초창기 언젠가 레이건(Reagan) 대통령 어머니가 자원봉사자로 일했다고 매년 창립 기념일 전시회에는 그 사진이 항상 올라옵니다. 큰 건물을 지어 병원으로 사용하다가 1971년 2월 일어난 큰 지진 때문에 다 허물었습니다. 지금 새로 지은 건물은 1987년도에 이사 들어온 것이랍니다. 이 새 건물은 롤러 위에 지은 건물이라 상당한 지진도 견디게 설계가 된 것이랍니다.

주변이 아늑한 자연환경으로 둘러 쌓여있어 낮에 일할 때 점심시간에는 나가서 산책도 하고 또 그 숲속에는 색깔이 아열대 지방의 새처럼 푸른 연두색의 파랑새 무리들이 살고 있어 눈요기도 시켜줍니다.

2008년 11월 17일 내가 일할 때 한 번은 큰 산불이 바로 그 뒷산에서 일어났습니다. 나중에는 병원 주위로 불길이 여기저기 퍼져 소방관들이 병원을 지키기에 온 힘을 기울이기도 했습니다. 그 때 방금 제왕절개 수술을 한 엄마들도 아기를 안고 벌떡벌떡 일어나는 것을 보고 위기를 당하면 사람의 본능의 힘은 한계가 없다고 느꼈습니다. 퇴원 날짜가 안 된 산모들도 그 와중에 남편이 오면 퇴원을 서둘러 시키는데 많은 남편들이 와서 데리고 갑니다. 위대한 가족사랑이란 생각이 듭니다. 건물 밖에만 나가면 연기, 불똥 재들이 날아다니는 것이 지옥을 방불케 했습니다. 모든 것은 시간이 해결해 주는 것이 맞습니다. 뒷산은 헬기가 뿌린 화재억제제로 빨간 산이 되었지만 모든 것이 며칠 후에는 다 정상이 되었습니다.

LA 시립병원. 유리 건물 네 동이 십자가 형태로 되어 있다.
아래 사진은 여기 저기 흩어져 있는 방갈로식의 작은 건물들이다.

내 영혼에 찾아온 햇빛

페루 선교를 다녀오다

2010년 8월 23일

　우리 교회에서 페루에 선교사를 보내어 교회를 세웠다. 우리 교우들이 매년 약 일 주간 정도 단기 의료 선교를 다닌다. 나 역시 한번 참석하고 싶어 거의 일 년 전쯤에 다 등록해 놓고 기다리던 중에 큰 수술을 받았다. 처음에는 나 자신도 못 가겠지 하고 생각하였는데 체력이 오히려 좋아져서 갈려고 하니 우리 목사님도 정말 괜찮겠냐며 걱정을 많이 하시며 의사 사인을 받아오라고 하신다. 가는 데가 안데스산맥 고지대라 더 힘들 거라고 하시면서….

　어차피 사 놓은 비행기표인지라 그럭저럭 있다가 막무가내로 그냥 따라갔다. 다른 분들은 다 고산지대에 갈 때 먹는 약을 처방받아 먹는데 나는 하루 먹고 별 지장이 없어 약을 먹지도 않았다.

　Cusco에 아담한 여관에서 지내면서도 내가 제일 먼저 새벽에 깨서 나오니 기분 짱이다. 그곳에서 30분 버스를 타고 가야 산골 마을에 짓고 있는 교회가 있다. 나는 치과 보조로 일하였다. 순수하고 선량한 페루 시골 마을 사람들과 아이들을 만나면서 많은 것을 느꼈다. 내가 만 3살 때 6.25 한국 전쟁이 일어났다. 피난 갔다 돌아온 한 5살쯤부터는 기억이 많이 난다. 그때만 해도 미군들이 많이 있어서 우리 아이들에게 쵸코렛, 껌 등을 차 타고 가며 던져주면 우리는 서로 더 많이 주우려고 뛰어갔었다.

지금 이곳 페루 어린아이들을 보니 한국도 내가 어렸을 때만 해도 저랬었는데 세상 참 많이 변했구나. 지금은 이렇게 도와주러 와서 그들에게 선망의 대상이 되었다니… 열악한 환경에서 의료 혜택도 못 받고 그렇게 살지만 대개 행복한 표정에 예의가 바른 사람들이다. 노인네들은 전통 의상에 모자까지 꼭 쓰고 오시고 어떤 분은 염소를 애견처럼 안고 오신다. 그래서 그런지 혈압, 당 높으신 분이 별로 없으시다. 대개 건강하시다.

치과는 단기 봉사라 치아 빼는 것 외에는 별로 해줄 수 있는 것이 없어 안타깝다. 그래도 앓던 이 빼고 좋아하는 사람이 많다. 우리나라 속담처럼……

마지막 날 하루는 마추피추 관광을 가는 날이다. 우리 동네 친구가 같이 갔었는데 그 친구와 내가 아줌마들 중에서 제일 잘 걷는 것이다. 거기는 유난히 계단이 굉장히 높은데도 끄떡없었으니 오길 잘했다고 생각했다. 모기 물린 사람들도 꽤 있는데 나는 하나도 안 물리고… 같이 간 친구는 서로 다른 교회라 나중에는 그 교회에서 가는 도미니카 공화국, 과테말라 등을 나 역시 여러 번 같이 갔었다.

2017년 8월 과테말라 선교지에 가서 한의사 등 의료봉사를 했다.
(페루 선교 사진은 찾을 수 없었다.)

늦게 시작한 마라톤의 기쁨

2009년 3월에 친구 따라 강남 간다고 우리 동네 몇 십 년 같이 걷던 친구가 마라톤 동호회에 나가잔다. 그래서 잘 뛰지는 못해도 운동 겸 나가기 시작했다. 일 주일에 한 번씩 파사데나, 로즈보울 앞에 넓은 공원에서 만나 2시간 쯤 걷고 뛰고 운동을 한다. 그 후에 그 야

외에서 여럿이 안 해 먹는 음식이 없다. 한국 사람들이 모이는 곳에는 어디든 극성이다. 정초에는 녹두 빈대떡, 감자탕 등 종류도 다양하다. 여러 가지 재미가 쏠쏠하다. 부탄가스 곤로만 있으면 어디서든지 안되는것이 없다.

몇 해 전 여기 할리우드 그리피스 공원에서 하는 거북이 마라톤도 친구와 같이 나가 60대 1, 2 등하고 한국 양평 강변 이봉주 마라톤도 갔었는데 한국은 우리 나이가 거의 없어 여기서 같이간 동호회 친구와 둘이서 생각지도 못했던 60대1, 2등 했다고 나중에 상장까지 보내왔다. 군수까지 나와서 저녁 만찬 외 레일 바이크 등 관광도 시켜주고 대접도 잘 받고 돌아왔다.

2010년 7월에 있는 샌프란시스코 마라톤에는 지난 연말에 웬일인지 우리 딸이 나랑 같이 샌프란시스코(San Francisco) $\frac{1}{2}$ 마라톤에 참석하겠다고 두 사람 이름을 신청하여 놓았다. 진단받기 전인데 우리 딸이 선견지명이 있었나보다. 내가 그해 두 곳 Beach $\frac{1}{2}$ 마라톤을 했는데 한 해에 세 곳 Beach 마라톤을 하면 특별 메달과 재킷을 준다고 한다. 선물에 눈이 멀어 간다고 벼르고 있으니 딸이 같이 뛰겠다고 하여 기분이 좋았었다. 연초부터 안 좋은 소식에 수술에, 나는 컨디션이 괜찮은 것 같은데 그때는 의사가 극구 안 된다고 한다. 그래서 내 번호를 달고 우리 아들이 딸과 뛰기로 했다. 사위와 아이들과 다 같이 S.F.로 휴가 겸 같이 갔다.

당일에 새벽같이 사위가 두 남매를 출발 지점에 내려 주고 다시 호텔로 와서 아이들과 나를 데리고 뛰는 중간지점에 가서 만나고 또 도착 지점까지 잘 안내해 주어 나 역시 편했다. 돌아오는 길에 산호세 아들 집에도 들렸다. 새로 이사한 후 우리 딸네는 처음 방문이어서 한 이틀을 함께 보낼수 있었다. 내려오면서 이곳저곳 관광을 하며 아이들과 뿌듯하고 즐거운 휴가가 되었다.

PART 4

우리 가족의
기쁨과 행복

놀라(Nola)가 태어남

2011년 1월 9일

딸이 세 번째 임신하여 3월 14일이 예정일이다. 임신 중독 증상이 조금씩 생겨 임신 7개월 때 초음파(Ultra sound)를 하였는데 아기가 비정상이란다. 폐도 작고 모든 것이 작아 난쟁이 아이로 판정을 받았다. 의사는 극구 유산을 권고한다. 우리 모두에게 충격적이었지만 우리가 이래라저래라 할 수도 없는 상황. 그러나 우리 딸이 여지껏 뱃속에서 잘 놀고 있는 아기를 지우면 살인이라고 극구 낳겠다고 한다.

이 지경 극심한 스트레스 때문에 혈압은 더 많이 올라가고 의사들은 산모를 살리려고 유도분만을 시작했다. 낳아도 생존률 50%란다. 그래서 7개월 반 만에 1.3kg 되는 셋째 딸이 태어났다. 생명에는 별지장이 없어 보여 조산아 중환자실로 가서 인큐베이터에 5주 동안 있었다. 큰 고비 없이 그래도 순탄하게 5주 있는 동안 딸은 매일 같이 모유를 짜서 모아둔 것을 가지고 출근하여 하루 종일 아기하고 지내다 온다.

아기 이름을 짓는데 딸이 두 딸, 강아지 이름까지 우연히 다 N자로 시작하는 이름이었다. 그래 내가 농담 삼아 이번에도 N자로 지으

Nola is turning one!

JOIN US SATURDAY, FEBRUARY 4, 2012
12:00 PM
SO HYANG KOREAN RESTAURANT
3435 WILSHIRE BOULEVARD, SUITE 123
LOS ANGELES, 90010

RSVP: KIMELLYI@GMAIL.COM / (818) 388-5330
BY FEBRUARY 1ST

놀라의 첫돌 초청장, 우리들의 영원히 사랑스러운 애기이다.

내 영혼에 찾아온 햇빛

라고 말하니 딸이 자기를 너무 놀라게 했다고 놀라 (Nola)라고 지었
다. 나중에 많은 사람들이 이름 예쁘다고 한다. 딸 직장 동료가 휴가
다녀오며 "Good night, Nola"라는 아기 책을 사 왔다. 어떻게 이럴
수가 하고 보았는데 그 뜻은 New Orleans, Louisiana(뉴 올리언스
루이지애나)의 준말로 Jazz음악으로 유명한 관광지의 애기용 책이다.

　5주 만에 아기가 퇴원하고 집에 온 날, 아이들 장난감 인형 눕히
는 침대에 눕혔더니 딱 맞는 키다. 조산아 때 입혔던 옷도 나중에 다
인형들에게 딱 맞는 옷이 되었다. Nola는 두 살이 넘도록 걷지를 못
하였다. 아기 때 보니 골반 관절이 다리와 연결이 안 된 것처럼 180
도 마음대로 움직인다. 그래서 나는 혼자 속으로 '못 걸을 수도 있겠
구나' 라고 걱정을 했다. 두 살이 좀 지난 어느 날 발자국을 떼어서
온 식구가 환호 속에, 특히 큰 언니 나탈리는 너무나 감격하는 모습
이다. 지금도 그때 영상을 보면 감격스럽다. 또 나중에 보니 그 180
도로 돌아가는 관절이 다 이유가 있었던 것 같은 느낌에 모든 것이
하나님의 계획 속에 있었구나 하는 감사의 생각이 든다. 남들보다
작고 왜소한 아이의 다리가 남보다 넓게 벌려져 소파에도 올라 갈
수 있었다. 지금은 초등하교 3학년인데 명랑하고 똑똑하게 잘 크고
있다. 학교에서 과제물을 가지고 앞에 나가서 발표할 때는 선생님이
꼭 동영상을 찍어 준다. 이곳 학교는 앞에 나가서 발표하는 시간이
많다. 농담도 해가며 사람들이 웃어도 좌 우로 시선을 돌려가며 똑

부러지게 한다. 한번은 선생님이 프로젝트를 할 때 알아듣기 쉽게 Appetizer, Entrée, dessert(서론, 본론, 결론으로 하라는 뜻으로) 가르쳤는데 Nola는 웨이트레스처럼 한 손에 타올 접은 것을 걸치고 발표가 끝난 후에 Yelp(손님들의 반응 댓글다는 파일)에 가서 4 플러스 점수 주는 것도 잊지 말라고하여 선생님과 모두를 웃겼다고 한다. Robotic class도 다니고 있다. 앞으로도 건강하게 밝게만 자라다오.

세 손녀의 어린이집

가까운 곳 침례교회에서 하는 어린이집을 손녀 3명이 유치원 들어가기 전 다들 3년씩 다녔다. 그래서 나도 정이 든 어린이집이다. 제일 처음 2살 반 정도에 시작하는 "Mommy and me" 반부터 딸이 일 가는 날은 내가 대타로도 여러 번 다녔었다.

세 손녀 모두 인생에서 처음 만나는 선생님이라 그런지 너무나 Mrs.Casey선생님에게 매료되어 여름방학 3개월에는 너무 그리워하는 것이 안쓰러울 정도이다. 그 Mrs. Casey 선생님은 가까운 곳에 살고있다. 마침 여름 방학 동안 자기 집 뒷마당 수영장에서 애들에게 수영을 가르쳐 손녀들이 다 매년 여름 방학에는 수영을 배우러 다녔다.

손녀들 모두 1월과 2월 생일이라 6개월쯤 후에 여름이 된다. 그래서 모두 6개월부터 물에 들어가 노는 것이 버릇이 되었다. 아기 때 노란 오리 풍선 의자에 앉혀 수영장에 넣어 놓으면 오리처럼 발장구 치고 귀엽게 놀던 것이 엊그제 같은데…

그 어린이집은 교회 뒤편에 큰 나무도 아주 많아 공원 같은 곳이다. 아침 등교할 때는 교무실을 통과해서 들어가게 되어 있다. 거기서 교장과 선생님이 일일이 들어오는 한 명씩을 껴안아 주고 칭찬도 해주며 몇 마디씩 인사를 나눈다. 각 교실로 들어가면 여러 교실의 가운데는 놀이터가 가운데 있고 다 울타리가 쳐 있어 애들은 나올 수가 없다.

오후에 부모가 교실까지 가서 사인하고 데려온다. 일 년에 한두 번은 할머니 날이 있어 할머니들이 가서 참관한다. 나는 꼭 안사돈과 같이 가는데 두 할머니가 가서 뭐든지 신기하고 신통해 한다. 제일 기억에 남는 것은 식빵이 있고 식용 물감도 몇 가지 색깔이 준비되어 있다. 할머니를 위하여 애들이 빵 위에 그림을 그려서 토스트를 만들어 버터와 잼을 바른다. 다른 한쪽에서 만들어 놓은 베이컨이나 소세지를 곁들여 아침을 제공한다.

교실에는 여러 가지 활동하게끔 한쪽은 그림 그리는 이젤과 물감,

또 옆에는 플레이도우, 레고블록, 모래 상자, 게임과 장난감, 책 잃어주는 공간, 소방관과 공주 옷 같은 여러 가지 분장할 수 있는 코너 등을 설치해 두었다. 금붕어, 새, 다람쥐, 누에도 가끔 기른다. 그때 우리 딸네가 마침 큰 뽕나무가 있어 따다 주면 믿기지 않을 정도로 먹어댄다. 이제 다시는 갈 일이 없어져 서운하다. 첫 손녀 다닌 지가 얼마 안된것 같은데 셋이나 다 그 과정이 지나갔다니…

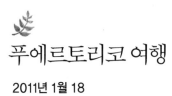

푸에르토리코 여행

2011년 1월 18

    놀라가 태어난지 얼마되지 않았는데 오래전에 예약되어 있던 여행이다. 오늘 저녁 비행기로 병원 친구들과 푸에르토리코(Puerto Rico) 여행을 가는 날이다. 짐도 싸고 집에 해놔야 될 것도 많아 바쁘게 움직이는 중에 아들에게서 전화가 왔다. 빨리 Best Buy(가전제품 가게) 가서 세탁기를 고르란다. 아들이 첫 집 이사한 얼마 후라 거기서 여러 가지 사서 특별한 사은품이 있나 보다. 급하게 가서 이왕이면 삼성 제품, 색깔은 더 늙기 전에 여태 안 가져 봤던 반짝 빛나는 새빨간 색으로 골랐다. 그날 저녁 즐거운 여행을 떠났다.

        내 영혼에 찾아온 햇빛

나의 시동생 같은 분의 부인이 푸에르토리코 사람이라 그 조카가 나와서 안내를 해 주셨다. 섬이 크지가 않아 어느 날은 호텔 앞 바닷가에서도 보냈다. 그중에 평생 추억에 남는 구경을 했다. 가기 전에는 생각지도 못했는데 특별한 경험을 하였다.

호텔에서 말을 해줘서 가게 되었는데 늦은 밤 9시 이후에 Mangrove Lagoon을 Kayak으로 가는 것이다. 나는 그때 수술 받은 지 얼마 되지도 않아 기운도 없고 또 캄캄할 때라 Kayak을 평생 해보지도 않아 못 한다고 하니 인솔자가 자기 Kayak에 묶어서 갔다. 세계에서 몇 안 되는 곳이란다. 물이 흔들리면, 노 저을 때마다 또 손으로 물을 헤쳐가면 온통 그 주위가 반짝거리고 짙은 푸른색깔이 나타난다. 마치 디즈니랜드 만화에서 요술 지팡이 흔들면 은가루 금가루 날리는 것 같다. 너무 아름답고 신기하다. 수영을 하면 그 사람이 움직이는 데로 그 주변이 파란 금가루 위에 떠 있다. 그 인솔자의 말로는 미생물 플랑크톤이 낮에 햇볕을 받아 어두운 밤에 반사되는 것이란다. 세계에 몇 곳 안 되는 것 중에서도 지금 이곳의 색이 선명하기로는 세계 최고란다. 그런데 요즈음 관광객이 늘어나면서 로션, 선블럭 같은 것을 많이 바르고 다녀 물을 오염시켜 통제가 시작될 것이란다. 그 여행의 최고점을 찍었다. 집에 오니 새 세탁기도 도착했다.

다시 살게 되어 이런 맛도 보고 하나님, 너무 감사합니다!

손녀 유치원 개학식날

2011년 9월 드디어 우리 첫째 손녀 딸이 유치원에 입학하는 날이다.

3년 동안 어린이 집(Nursery school)을 다니고 정식으로 초등학교에 속한 유치원에 가는 것이다. 우리 딸이 이 동네로 이사왔기 때문에 자기 엄마가 다니던 학교에 대를 물려 들어간 것이 나는 감회가 새롭다. 중산층 조용한 동네 가운데 있는 아담한 학교를 나는 옛날부터 좋아했다. 애들이 이 학교 다닐 때 학교에서 매년 bake sale을 한다. 내가 만두를 튀겨가면 선생, 부모들, 학생들이 너무 좋아하여 그날을 기다린다는 사람들도 많다. 교무실에 따로 한 바구니 튀겨다 주곤 하였는데 아직도 몇몇은 계속 근무한다고 한다.

우리 딸은 1학년 마치고 이곳에 이사와서 2학년으로 시작했지만 아들은 유치원부터 이 학교를 다녀 추억이 새롭다. 유치원은 초등학교 한쪽 편에 따로 있어 운동장도 출입문도 다르다. 유치원생은 꼭 보호자가 등 하교시 교실까지 데리고 가야된다. 아들 유치원 때 가끔 Room mother로 자원봉사 가면 아들이 그렇게 좋아할 수가 없었다. 내 가방도 어디다 넣으라고 가르켜 주고 신나한다. 이 모든 기억이 엊그제 같은데 세월의 빠름을 새삼 느낀다. 똑같은 교실로 손녀가 다니게 되었으니 옛날 생각이 절로난다.

스티브 잡스의 집 관광

2011년 11월 중순

오랜만에 산호세(San Jose) 아들 집에 왔다. 나는 그저 와 있는 것 만으로도 만족이다. 그런데 아들은 휴무 날에는 그냥 있는것이 미안해서 나를 데리고 나가 바람을 쐬어주려고 애쓴다. 이날도 나갔는데 그때 애플 컴퓨터의 스티브 잡스(Steve Jobs)가 숨진 지 한두 달 후인지라 그 집으로 데리고 갔다. 그 동네는 산호세에서도 부촌인 곳이다. 나는 저택 같은 집일 줄 알았는데 예상과 달리 그저 나란히 있는 옆집들이랑 다를 것이 없는 코너집이다. 그 집 옆에 차를 세웠는데 그 집 옆마당에 사과나무가 한 10그루 있었다. 사과를 좋아하여서 회사 이름도 애플인가라는 생각을 했다.

집 앞쪽으로 걸어가는데 사람 걸어다니는 시멘트 길에 온통 조의문이 쓰여 있다. 부끄러운 이야기지만 나는 그때까지 RIP(Rest In Peace)(삼가 고인의 명복을 빕니다)가 무슨 소리인지 관심도 없었고 뜻도 몰랐다. 그저 다 앞에 RIP라고 쓰여 있어 아들에게 물어서 알게 되었는데 창피하였다. 그때 어디선가 귀에 Phone을 꽂은 신사 양복쟁이 서너 명이 불쑥 나타나더니 정중하게 아직 가족이 상 중에 있으니 집 앞쪽으로는 걸어가지는 말란다. 이 집도 미국 보통 집과 다를 바가 없이 거실의 큰 유리창이 길 쪽으로 있는 집이다. 차를 타고 집 앞으로 해서 오면서 회사도 구경 갔었는데 직원 파킹장에 거의가 좋은 차들이다. 이렇게 많은 사람들을 도와주시는 사람을 왜 하나님은 그렇게 일찍 데려가는 것일까?

지금까지 지내온 것
모두가 은혜이다

2012년 9월 30일 은퇴일(officially Retired Party)

나는 별안간 병에 걸려 계획에 없던 조기 은퇴를 하였다. 내 계획은 70세까지 일한다고 짜여 있었다. 2010년 4월 6일 두 번째 암 진단을 받은 날로부터 일은 완전 끝을 냈다. 두 달 전 간암 진단을 받고도 아픈 곳은 없으니 내색 없이 일을 다녔다.

동생은 간 이식 수술을 받고 건강해졌으니 나 역시 수술받는 날까지는 일하려고 마음을 먹고 있었다. 그런데 위암 진단까지 받고나니 정신이 완전 공황 상태가 되는 것 같았다. 처음에는 그동안 모아 두었던 병가 시간을 쓰니 봉급은 그대로 나왔다. 그제서야 좀더 병가 시간을 모아둘 걸 하는 아쉬움이 밀려온다. 아플 때보다 노느라고 더 많이 써 먹은것이 후회가 되지만 직장 혜택이 굉장히 좋은 편이라 거의 지장 없이 봉급을(장애 수당포함) 받으며 2년 반을 버티어 드디어 65세가 되었다. 연금과 노인 건강 보험 등 혜택이 시작될 때 완전 서류상 은퇴를 하였다. 25년을 일하면 모든 것이 완전 100% 혜택인데 나는 19년 반을 일하여 건강 보험도 1년에 4%씩 환산하여 보험금액의 22% 정도를 내고 있다. 그나마 65세 정부 의료보험이 있어 많은 돈이 아닌 것이 다행이다.

나는 거의 모든 혜택을 본의 아니게 100% 다 쓰고 나온 셈이다. 정말 고마운 정부이다. 내가 여러 해 일했던 INA(Independent nurses Assoc)에서 수입도 남보다 훨씬 좋게 10년 이상을 일했다. 92년도부터 그것이 사양길에 들어섰다. 하나님이 예비하사 그때는 아이들에게 한창 돈이 들어갈 때였다. 그런데도 그 비용을 감당하며 편히 산 것에 감사한다. 그 마지막에 2년 반 고정으로 일하던 곳이 LA시립 병원이었다. 그때 우리 그룹에서 같이 일하던 몇 사람이 다른 병원으로 직장 구하러 나다니는 것도 귀찮고 거의 자동으로 그 자리에서 Agency에서 Staff nurse로 바꿔 시작했다. 간단한 서류만 써내면 되었다. 그때만 해도 젊어서 내 미래에 은퇴나 병 걸려 일 못하리라고는 상상도 안 했다. 이런 일이 닥치니 조그만 개인 병원에서보다 훨씬 혜택이 좋은 시립병원에서 일한 것이 얼마나 큰 행운인지 모른다. 이렇듯이 나는 모든 것이 억지로 하려고 한 것은 아니었는데 모든 일에서 형통하게 일이 풀려갔다. 그전에는 그 모든것이 내가 운이 좋아서라고 생각했는데 그 은혜를 하나님이 주신 것임을 깨닫는 지금 감사가 절로 생긴다.

물론 내가 바람 불고 추운 날 밤에 남들은 다들 잠자는 시간에 일 나가는 것을 불쌍하게 생각하는 사람들도 있었겠지. 나 역시 그럴 때 어떤 날은 좀 우울한 기분이지만 막상 나가면 또래 아줌마들하고 일하며 재미있는 일도 많이 생겨 즐거웠다. 특히 마음에 맞는 사람하고 일하면 8시간, 12시간이 어느덧 갔는지 모르겠다. 우리들끼리 돈 받아 가며 옛날 우물가에 아낙네들이 모여 수다 떠는 것 같아 그 재미로 지루한 줄 모르고 40년을 수일 같이 쉽게 일할 수 있었겠지… 나중에 은퇴 파티도 단체로 성대히 베풀어 주었다. 우리 부서 4명이 함께 은퇴하였다.

내 영혼에 찾아온 햇빛

City of Los Angeles

Certificate of Congratulations

*As Mayor of the City of Los Angeles and on behalf of its residents,
it is my pleasure to congratulate*

Jai Young Kim

*on being honored by the Olive View-UCLA Medical Center,
Maternity/Postpartum Unit for your 20 years of service. Your commitment
and dedication is indeed commendable.*

*On this special occasion, I am pleased to join with other members of the
community in recognizing your accomplishments and achievements
throughout the years.*

Best wishes!

March 14, 2013

Antonio R. Villaraigosa
Mayor

드디어 미국 직장 생활에 종지부를 찍는날.

그래도 시공무원이라 LA 시장이 보기에 근사한 증명서를 보내주었네요. 인생 끝무렵에 가서 시공무원으로 일한 것이 미국와서 제일 잘한 일 같습니다.

평안한 은퇴를 위하여 마지막 열차에 아슬아슬 올라탈 수 있었습니다. 그 이전부터 내가 미처 알지 못할 때부터 나를 세심히 돌봐주신 하나님의 크신 은총에 감사드립니다.

아들과 레이크 타호 스키 여행

2013년 2월 9일

은퇴를 하니 아무 때나 어디든지 갈수 있는 자유를 누리고 살고있다. 나는 또 운전하는 것을 좋아하여 아들네까지 5시간 걸리는데도 일년에 한두 번 다녀온다. 이번에 왔더니 아들 동료가 레이크 타호에서 근무했었기에 거기 비어있는 살던 집을 방문 하기로 했다.그 집을 빌어 스키려행을 가기로 하였다. 그 친구는 우리에게 세탁기 고치러 오는 사람 오면 봐 달라는 간단한 부탁을 한다. 아침에 잠깐 그 사람 부탁한대로 봐주고 모처럼 아들과 단둘이 산에 올라갔다. 이 스키장은 케이블카를 타고 올라가면 꼭대기에 스키장이 있다. 그래서 이 스키장 이름이 Heavenly 인데 스키를 타며 내려다 보이는 호수 경치가 정말 아름다운 곳이다. 마치 천국 같다.

아들이야 나하고 가는 게 무슨 큰 재미가 있겠냐마는 나를 기쁘게 하려고 동행해 주는 것도 나는 알고 있다. 내 스키 끝에다 카메라를 설치해 주었다. 나의 보조를 맞춰 가며 오붓이 즐거운 시간을 보내고 있다는 것도 나에게는 천국이다. 이 착한 아들, 나는 일하느라 별로 잘 해준 것도 없는데 이렇게 나를 행복하게 하니 미안한 마음이 생긴다. 이래서 가족이 소중한가보다. 또 이곳은 내가 30여 년 전에 와서 처음으로 스키타는 것을 배운 곳이다. 동네 이웃 친구 세 집과 멤모스(Mammoth)에 갔을 때는 아이들도 어리고 나도 힘들고 다른 사람에게 미안해서 못 배웠다. 일하는 동료끼리 이곳에 공부도 할겸 놀러온 여행이었다. 간호사로 일하려면 매 2년 면허증 갱신할 때마다 30시간 공부한 것이 있어야 된다.

우리 INA Group에서 매년 여행겸 공부도 하는 강행군으로 이곳 저곳 다니는데 그러면 세금도 공제된다. 이때에 여기 와서 일 주일 보내면서 아침 6시에 식사, 7~9시 강의, 그리고 산에 올라가 스키를 탄다. 나는 스키스쿨에 혼자오니 마음이 편해져 처음으로 요령을 배워 타기 시작했다. 그래서 삼총사 중 진선 아빠의 수제자(?)가 되었다. 5시에 저녁 식사를 하면, 6~8시 강의 그러면 9시경 리노 갬블장에 가서 밤늦게까지 놀고 온다. 나는 그때 체력 여건상 두 번 정도 어울렸던 것 같다. 떠나는 날 우리를 데려갈 버스가 늦게 와서 비행기 짐 부칠 시간도 없이 여러 아줌마 부대가 그 길고 긴 공항을 뛴 생각을 하면 지금도 힘들다.

더욱 가까이서 보는 아들

2013년 7월 24일 아들이 프레즈노 새 집을 사서 이사했다.

드디어 우리 아들이 부조종사(Copilot)로 새 일을 잡아 이곳 프레즈노로 이사를 왔다.

캘리포니아에 CHP air는 7곳 뿐이란다. 이곳에 자리가 나서 온 것이다. 이 직종은 사람들이 은퇴할 때까지 있고 여러 곳이 아니라 자리 나는 것이 쉽지가 않다. 먼저 살던 곳과 우리집 사이에서 꼭 중간에 위치한 좀 한적한 도시이다. 그만큼 집값도 싸서 새로지은 방4개짜리 꽤나 큰 단층집, 내 마음에 딱 드는 집을 사서 이사 왔다. 산호세(San Jose)집은 세를 놓고 온 상태이다.

나는 첫째, 거리가 절반으로 가까워져 너무 반갑다. 그래서 두 번째 방문 때는 아들에게는 없는 나의 부엌 살림의 큰 그릇을 준비하여 갔다. 갈비 파티를 거기 직원들에게 해주었다. 잡채, 만두 등 여러 가지를 만들어 그 사람들이 맛있게 먹고 즐거워하는 것을 보니 나도 행복했다. 전체 인원도 청소하는 사람까지 총14명 밖에 안 되는 프레즈노 요세미티 공항 한 구석 사무실에 그들의 가족까지 와줘서 고마웠다.

1975년 7월 2일 아들 돌날 사진. 철없던 내가 이민초기에 제법 한것 같네. ㅎㅎㅎ
그때 이웃 인원이 엄마 덕분에 (손님 접대는 공원에서 치루었다.)

2013년 아들 집 앞에서 떠나오기 전에 아들의 집 마련이 신통해서 한컷

그 도시는 요세미티 입구에 있는 도시라 그곳까지 관할 하는 곳이 란다. 내가 갔을 때도 그 산에서 발목을 다친 여자를 헬리콥터가 구 조하는 동영상 등을 보여 준다. 게다가 1 주일에 10시간씩 4일만 일 한다. 이럴 때 결혼해서 가정이 있다면 얼마나 좋을까라는 생각에 나는 안타깝기만 하다. 두고 온 산호세 집은 천정부지로 올라가는 지역이라 세도 잘 나가고 너무 좋단다. 그저 대견할뿐이다.

아들의 모터 사이클 대륙 횡단
2014년 5월말 – 3주 동안

어느날 인터넷 광고에 파키스탄에서 중국 국경까지 오토바이 대 류횡단 할 사람을 모집 한다는 것이다. 물론 아들은 내게 말도 없이 갔다 왔다.

어느 파키스탄 부잣집 아들이 미국에 유학생으로 와서 S.F. 대학 에 다녔다고 한다. 자기가 보니 여기 사람들이 파키스탄 사람하면 다 테러리스트로만 본다고 민간 외교차원에서 실비로 실행하는 것 이란다. 주로 산호세 지역 사람들 10명과, 한 명만 인도네시아에서 왔다. 모두 11명이 갔다. 두바이에서 다 같이 만나 파키스탄 입국을

2014년 6월 아들이 파키스탄에서 오토바이로 중국 국경까지 대륙을 횡단하고 오다.
U-tube에서 보니 너무 위험한 것 같았다. 나몰래 갔다온 것이 다행이다. 더욱이 다치지 않고
다녀온 것이 더 감사할 뿐이다.

하는데 공항에서부터 귀빈 대접을 하였다. 현지 TV 뉴스까지 나왔
단다.

　거의 3주간이 걸리니 모험심 많은 우리 아들은 가기 전에 자기 없
는 동안 혹시 내가 전화해서 안 받으면 걱정할까봐 바로 떠나기 전
날 친절한 안부 전화를 하고 갔다는데 나는 눈치도 못챘었다. 그들
이 여행할 동안 앞 뒤로 트럭에는 요리사, 오토바이 수리 기술자 몇
명, 시골에서 먹을 음식, 부속품 등을 싣고 따라갔단다.

동영상을 보니 즐겁기도 했겠지만 위험한 여행이었다. 그때 빈 라덴(Bin Laden)이 포위당해 사살당한 곳도 가까이 지나 갔다고 한다. 아직도 반미 감정이 그 지역에 있으니 가지 말라고 하더란다. 그 나라가 히말라야 산맥을 끼고 있는 나라이니, 길도 험한것 같다. 여러 사람이 가다가 넘어지고 오토바이 망가지면 그 기술자들이 정말이지 매직처럼 깜짝할 사이 고친단다. 지금도 유튜브에 "Rediscovering Pakistan" 치면 58분 짜리 동영상이 나와 나는 가끔 심심하면 보고 있다. 공연히 애착이 가는 것이…

예기치 못한 또 한번의 수술
2014년 6월 20일

딸네와 플로리다 디즈니월드에 갔다. 일 주일 동안인데 손녀들과 즐거운 시간을 지내고 그날 밤은 밤늦게 미키 마우스 쇼(Micky mouse show)를 보았는데 규모가 엄청커서 놀라웠다. 밤11시경에 끝나 인산인해로 많은 사람 틈을 빠져 나오는데 어떤 엄마가 바로 내 앞에서 아기 유모차를 확 돌렸다. 양손에 손녀들의 손을 잡고 가던 내가 완전 오른쪽으로 납작 넘어졌다. 그래도 여전히 나의 특기인 오뚜기처럼 발딱 일어나 아픈곳도 없어 호텔에 갔다. 그 다음 날 에는 딸 친구네가 메릴랜드에서 오는 날이므로 공원은 하루 쉬고 아 울렛(Outlet) 가서 쇼핑(Shopping)도 하고 공항에 마중을 갔다. 그 식구들과 같이 저녁도 먹고 호텔로 돌아왔다. 방에 와서도 한참을 이야기하고 밤 늦게사 내 방으로 왔다. 두 손녀를 데리고 자려는데 넘어진지 꼭 24시간이 지난 시간에 좀 아프기 시작하더니 밤 12시가 넘으니 점점 더 아픈데 정말이지 앉지도 눕지도 못하게 아프다.

시간을 보니 밤12시도 훌쩍 넘어 내 옆에 자는 손녀 아이들도 옆 방의 딸네도 다 고단해서 깊은 잠을 잘터니 깨울수가 없었다. 그때 는 내게 진통제도 없었다. 시계를 연상 보며 밤을 꼴딱 세워 6시가 되었다. 드디어 딸에게 전화하여 진통제를 좀 강하게 먹고나니 살만 하다. 그래서 애들과 함께 공원도 따라 갔다가 호텔 버스를 타고 나 혼자서 먼저 들어왔다. 좀 걱정은 되도 약을 먹어 가면서 오는날까 지 3일동안 참고 집에까지 왔다. 온 다음 날이 옛직장 동료들을 아침 에 만나는 날이라 거기까지 참석하고 그제서야 응급실에 갔다. 검사 하더니 당장 응급 수술을 해야 된단다.

수술한 의사가 나중에 야단치며 하는 말, 요즈음 하는 내시경으 로 수술하려고 했는데 쓸개가 곪아 터지기 일보 직전이었다는 것이 다. 그전에 수술했던 자리를 열고도 숫갈로 받쳐서 꺼냈다고 한다. 만일 터졌더라면 몇 년전 살려 놓은 것 소용 없이 지금쯤 나는 이 세상에 없을 거란다. 그 진통제가 문제라면서…

내가 생각해도 아찔하다. 이 수술로 인하여 몸무게가 10파운드나 더 빠졌다. 그전에는 너무 살이 쪄 살 빠지는 것이 소원이었던 내가 이제는 체중감소에 민감하게 되다니… 상상도 못한 일이다.

아들의 헬리콥터 대륙횡단과 파키스탄 방문 시사회

2015년 5월

아들은 경비행기와 헬리콥터를 둘 다 배웠나 보다. 2015년 그가 다니는 비행학교에서 제일 동쪽 끝 메인주에서 헬리콥터를 샀는데 가져올 사람이 필요했다. 우리 아들은 자원해서 먹고 자고 기름값까지 다 자기부담으로 했다. 왜 그렇게 하냐고 물으니 그 시간을 비행 경력 시간으로 쳐주니까 오히려 싸게 먹힌단다. 비행 면허증은 땄어도 부조종사에서 조종사가 되려면 면허만 가지고 안되고 많은 시간의 비행 경력이 있어야 되기 때문에 그렇게 하는 속셈인 것 같다.

텍사스까지는 둘이서 왔는데 같이 갔던 사람의 집이 그곳이라 거기서 부터는 혼자 온 것이다. 3시간 정도마다 내려서 기름 넣고 쉬었다고 한다. 경비행장도 많고 시골 인심이 얼마나 좋은지 내려서 먹으러 가고 자러갈 때 차도 그냥 빌려주었단다.

그렇게 돌아와서 집에서 며칠 쉬는 기간이었다. 그 때 마침 작년에 갔다왔던 파키스탄에서 중국 국경까지 오토바이로 대륙횡단한 1시간짜리 동영상 시사회를 롱비치 어느 극장에서 하는 날이라 큰 손녀와 함께 3명이 갔다. 행사 관계자들을 다 만나보고 돌아오는 길에 레돈도 비치에 들러서 Dungeness 게 식당에 가서 즐겁고 맛있게 먹고왔다.

원래 딸네 식구들은 해산물 알러지가 있어 집에서는 절대로 못 먹는다.그러나 큰 손녀는 예외였다. 우리들은 또 너무 좋아하는데 해물탕과 게를 눈치 안 보고 맛있게 먹고 온 추억을 나와 큰 손녀는 아직도 즐거워한다. 아들은 며칠 노는 동안 하루는 그 파키스탄 횡단 초청자를 만나 LA 상공을 헬리곱터로 구경 시켜주었다. 아들이 집으로 가는 길에 비행장을 떠날 때 전화를 하면 딸네 집 뒷마당에 나와 보란다. 주택가의 한도내에서 저공비행으로 몇바퀴를 돌았다. 손녀들은 "Uncle Harold"를 큰 소리로 부르고 나는 커다란 빨간색의 종이백을 흔들었다. 그렇게 한바탕 난리 후 해안가쪽으로 멀어져가는 작은 비행기를 바라보며 나의 마음은 공연히 애잔해진다.

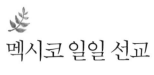

멕시코 일일 선교

2015년 6월말

2015년 여름 우리 교회에서 일 년에 몇 번씩 가는 멕시코 일일 선교를 다녀왔다. 동네 이름은 생각이 안 나지만 국경에서 30분 정도 내려온 곳이다. 너무나 아름답고 풍요로운 샌디에고에서 국경을 넘으면 바로 마치 한국 6.25 전쟁 직후에나 보던 풍경이 나온다. 길거리에는 수레에 싣고 나와 파는 냉차, 과일 장사들이 장사진을 친다. 그러니 부모를 잘 만나야 되는것 같이 나라에 지도자를 잘 만나야 되는 것을 새삼느꼈다.

우리가 도착한 곳은 풀 한 포기 보기 힘든 왕모래 같은 황무지이다. 교회에 아이들은 많이 모인다. 젊은 세대들이 여름 성경학교 프로그램을 하면, 우리들은 햄버거 만들고 남집사님들은 또 가지고 간 기구들로 솜사탕, 붕어빵 간식 등으로 아이들 점심을 먹였다. 풍선도 불어 주고 올 때는 백팩에 학용품 등을 잔뜩 넣어 주면 아이들이 얼마나 행복해 하는지 모른다. 또 이웃 전도는 몇 명씩 짝을 지어 다니는데 그 동네 집들이 다 미국서 가져간 차고 문으로 지어져 놀랐다. 나도 미국 온 지가 40년이 넘었으니 이 미국도 강산이 네 번쯤 바뀌었다. 옛날에는 여기 차고 문이 통짜로 만든 것인데다 수동이라

내 영혼에 찾아온 햇빛

차고문을 열고 닫기가 힘들었었다.

최근에는 전기 자동 리모콘으로 되어 훨씬 편리해졌다. 지난 한 20년 사이에는 색손날로 착착 접히면서 훨씬 편리하고 가벼운 것으로 바뀌었다. 차에서 내리지 않고도 열고 닫히는 문이 나와 안 바꾼 집이 없는 것 같다. 그렇게 바꾼 차고문을 시공자가 다 가지고 간다. 그래서 저 큰 것을 다 어디에 버리는가 궁금했었는데 그렇게 또 사용이 되고 있어 다행이다. 그 동네는 집 입구 밖에 수도가 하나씩 쭉 있는데 그 중 어느 한 집에 세탁기가 수도 옆에 있고 유난히 빨래가 많이 널려 있어 나는 이 동네 세탁소쯤 되는구나 생각했다.

어느 집에 갔더니 모녀인지 자매인지 두 여자가 눈이고 입술에다 문신(타투)을 요란하게 하였다. 우리들을 꽤 환영하며 예수님에 대하여 관심이 많았다. 우리교회를 소개 하였지만 후에 신자가 되었는지도 궁금하다.

그렇게 풀 한 포기 보기 힘든 삭막한 황무지. 오직 보이는 것이란 빨간 열매 달리는 선인장 밭이 있을뿐이다. 그것도 반 이상은 말라 죽어 있고, 공장 같은 것도 없는 허허벌판에 차고 문으로 지은 사각형 집에서 사는 이들이 정말이지 하나님을 만나서 행복하게 살았으면 좋겠다.

미국하고 땅 덩어리는 붙어서 똑같을 텐데 한쪽은 젖과 꿀이 흐르는 가나안 땅이 되고 지도자 잘못 만난 다른 쪽은 아직도 황무지 속에서 백성들이 고통으로 살고 있다. 대한민국 북쪽과 남쪽도 똑같은 원리이다. 그러니 우리들은 매일 매일 감사하면서 살아야지…

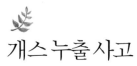

개스 누출 사고
2015년 12월

우리 동네 윗쪽 산이 개스 저장 창고인지도 모르고 여태 살았는데 이번에 그 개스가 대기중으로 새 나가서 뉴스에서 크게 그 문제를 다루었다. 나는 별로 증상을 못 느꼈는데 꽤 넓은 지역 주민들을 좀 떨어진 동네 호텔로 다 옮겨 준다. 처음 우리 동네 이민 동기 세 집이 한 호텔로 가서 처음 이민 왔을 때처럼 모여 낄낄대며 식사 값도 다 주니까 좋은 식당가서 밥도 같이 먹고 재미있게 지냈다.

얼마 지나지 않아 나는 우리 딸네와 합세해서 가느라고 헤어졌다. 우리 딸네는 고풍스러운 고급 동네에 있는 비싼 호텔, 옛날 영화산업 사람들과 배우들이 이용하였던 운치있는 곳이다. 아이들이 세 명이나 있어 큰 스위트룸(Suite room)에 우리까지 합세해 방이 세 개나 있는 큰 아파트 같은 호텔에서 3개월 정도 살았다. 모처럼 아이들 하고 같이 뒹굴며 살았던 특이한 좋은 기회이었다. 남편은 불편 하다며 거의 집을 지키고 살았다. 그래도 호텔 값 다 내주고 식사비용도 한식에 비하면 책정을 많이해서 돈을 주어 우리들은 너무나 감사했다.

집에 돌아오기 전에 비싼 공기 정화기 2-3개씩을 주었다.(집 크기에 따라) 또 냉방, 온방 돌아가는 곳에도 정화기를 설치하여 주었다. 집 청소도 벽까지 용역회사에서 나와 다 해주었다. 이 나라가 그런데 대처하는 것이 마음에 들었고 참 고마웠다.

놀라의 첫 번째 스키 레슨

2016년 겨울방학

우리 Nola도 5살이 되어 스키스쿨에 갔다. 장애인 스키스쿨에 등록하여 배웠다. 내가 이럴 때면 미국 찬사가 절로 나온다. 레슨비도 삼분의 일 값 정도만 받는다. 처음에는 두 세 명씩 붙어서 가르친다. 여기 스키장에 가보면 다리 한 쪽인 사람은 보통이고 두 다리 없는 사람, 전신 마비자, 정신 박약아 등등. 놀라는 뭐든지 열심히 노력한다. 그래서 지금은 도움 없이 앞뒤로 선생들이 그냥 따라만 간다. 보호하느라 그러는지…

스키스쿨에 가면 모두들 잘 알아 Hi Nola, Hi five로 놀라를 매번

반갑게 맞이하니 손녀 딸도 좋아서 다닌다. 처음에는 온전히 걸을 수 있을까 걱정했었는데 스키를 타는 것이 더 할 수 없는 감명이고 기쁨이다. 산에서 제일 작은 아기가 내려 오는 것을 보면 너무 귀엽다.나는 스키를 타지 않을 때도 놀라를 보러 산으로 간다. 여기는 학교에서도 이런 아이들을 놀리거나 하면 안 되는 것을 아이들이 잘 배우고 가르친다. 장애인 보는 눈이 한국보다는 훨씬 잘 받아 들인다. 한국도 이제는 많이 달라지긴 하였지만…

나의 아홉수 액땜 이야기 #1

2016년 정초 1월 7일부터 수난이 왔다. 그때도 아이들하고 맴모스(Mammoth)에 가서 사위, 딸과 내가 셋이 교대로 아기를 보고 (Nola는 봄 스키 때부터 배웠다) 다녔다. 그날 아침은 딸이 아기를 보고 나와 사위가 큰 두 아이들 하고 산에 갔다. 근데 손녀들은 몇 번 내려오더니 핫코코를 마신다고 카페로 간다는 것이다. 나는 귀한 반나절, 오후에는 교대를 해야 되니 시간이 아까워 혼자 남아 탔다.

내가 젊었을 때 산에 가 보면 3대가 와서 타는 미국 사람들을 보며 부러워했었는데 지금 내 모습에 스스로 감회에 젖었다. 잘 타고 다니다 점심 시간이 다 되었을 무렵에 이상하게 누구와 부딪히지도 않고 어데 험한 곳도 아닌데 맥없이 넘어졌다. 억지로 일어났는데 무릎이 좀 아프고 붓는것 같아 그 자리에 다시 주저앉았다. 지나가던 여러 사람들이 다 괜찮냐고 하며 구조원을 불러주고 그 사람들이 올 때까지 기다려 준다. 욕심이 부른 화인가? 마침내 구조원에 의해 썰매에 누워 의무실로 실려갔다. 22년 전과 똑같은 상황이 되었다. 사실 우리 딸 카드 멤버십으로 타고 있었다. 그들이 카드를 내 놓으란다. 그래서 넘어질 때 어디로 없어졌다고 거짓말을 하였다. (하나님 죄송합니다. 한 번만 봐주세요.) 왜냐하면 카드를 컴퓨터에 넣으면 사진과 함께 신상정보가 나온다. 그러면 우선 딸과 다른 나이부터 문제가 되니 카드를 줄수 없다. 이제는 신용카드 같은 것을 주머니에만 넣고 다니면 지하철 타는 것 같이 센서가 있어 문이 열려 리프터를 타러 들어갈 수가 있어 지키는 사람도 없어졌다. 점심시간에 막내 손녀를 데리고 곤돌라를 타고 올라오면 카페테리아에서 다 같이 점심을 먹고 교대하고 내가 또 아기를 데리고 콘도로 내려가는 것이다.

지난 경험 한마디. 내가 처음 리프터에서 내릴 때는 언제나 먼저 겁이 나서 백발백중 자빠지면서 내린다. 그러다가 어느 한 순간에 터득이 되었다. 내가 내리려고 억지로 애를 쓰니까 넘어졌던 것이다. 그냥 내릴 때쯤 의자 앞쪽으로 좀 당겨 앉고 발이 눈에 닿으면 약간 선 자세로 바꾸면서 의자가 나를 살짝 밀어줄 때까지 기다리면 안 넘어지는 것을… 무엇이든지 내 힘으로만 하려고 하면 실패다. 순리대로 살아야 하는 진리이다.

22년 전에는 여기서 응급 처치만 받고 집에 와서야 내 보험 병원에 갔었는데 회복이 꽤 오래 걸렸었다. 그 경험으로 이번에는 이곳 병원 응급실까지 가서 치료 받고와 빠른 시일에 정상으로 걷게 되었다. 그러나 그 다음 해 다시 갔을 때는 나 스스로도 좀 걱정이 되었다. 딸이 먼저 나에게 스키를 타지 말라고하여 못내 섭섭하였다. 71세 때에는 딸이 보기에 좀 불쌍했는지 스키를 타게 했다. 조심하여 스키를 즐긴 것이 마지막이 되었다. 이제는 발병이 생겨서 잘 걷지도 못하니 세상이 답답하다.

#2 사고 : 3월경 그 때는 세 손녀가 다 각각 세 군데 학교를 다니는 해였다. 그래서 내가 막내를 맡았는데 언니들이 일찍 학교로 떠나면 막내 유치원 시작 시간은 아직 여유가 있어도 빨리 가자고 너무 졸랐다. 그날도 너무 일찍 가서 차에서 좀 기다려야 되는데 처음 자리잡은 곳이 너무 햇볕이 들길래 차를 옮기다가 세워 둔 대형 캠핑차를 받아 내 차만 한쪽이 왕창 망가졌다. 내 실수라 보험 커버도 안 되어 그대로 다니다 다음 해에 한국에서 사촌 언니가 오신다 하여 핑계 삼아 고쳤다.

#3 사고 : 큰 손녀가 7월에 수영시합에 출전 하는 것을 구경 갔다가 시멘트 바닥에 아주 세게 넘어졌다. 만화 영화 같이 내 의치 앞니

가 깨지면서 조각들이 앞으로 튀어 나온다. 정신이 없는 중에도 이 장면이 딱 만화 영화에 나오는 장면이야 생각하며 절로 웃음이 났다.

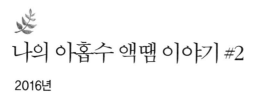

나의 아홉수 액땜 이야기 #2

2016년

올 봄에 치과에 갔을 때 오래 되었으니 다시 하라는 것을, 쓰는데 아무 지장이 없으니 (사실 25년 전에 한 것임) 기다린다고 한 것이 얼마나 잘된 일인지… 두 번 할 것을 그래도 한 번에 해결이 되었으니 말이다. 그나마 팔 ,다리,뼈도, 코끝도 말짱하니 다치지 않은 것이 신기하다. 응급으로 치과에 가서 내일 여행가서 한 12일 동안 있으니 임시 치아라도 튼튼히 해달라고 했다. 정말이지 문제 없이 잘 지내고 왔다.

#4 사고 :10월 8일에 나는 코스타리카와 쿠바로 여행 가는 날이다. 바로 전 날인 7일에 막내를 학교에서 데려 오면서 "와,내 임무 다 끝내고 나는 내일부터 휴가이다" 속으로 안도의 숨을 내 쉬는 순간 어쩐 일인지 차가 차고 속으로 쾅 들어가 버린다. 딸네 집 앞 도로에 파킹을 하려면 그집 차고 입구로 일단 들어갔다 나와야 한다. 그런

데 후진 기어를 안해 놓고 엑셀을 밟은 모양이다. 차고 문을 부수고 차 앞머리가 들어 갔으니 나는 순간적으로 정신이 하나도 없었다. 가끔 뉴스에 노인들의 차가 상가로 쳐 들어가고 하는 것을 봤었는데 내가 이제 그렇게 되었나? 너무 속이 상하여 애 앞에서 엉엉 울어 버렸다. 그때 마침 사위가 들어오니 우리 막내 손녀는 신나는 일이라도 생긴 것처럼 아빠 차로 뛰어 가며 큰 소리로 흥분하여 "아빠, 우리 이제 이사가야 돼. 할머니가 집을 다 망가트려서…" 하는 것을 보니 우습기도 하고 귀여워 울다가 웃어 버렸다. 다행히 딸네가 차고를 노는 방으로 개조하여 다른 차도 없었고 별로 다친 것은 없었다. 사위가 위로하며 어차피 이중으로 된 차고 문으로 바꿀려던 참이란다. 조금만 옆으로 박았다면 차고 기둥이 무너져 집도 크게 손상될 수 있었는데 차고 문짝만 고장난 것이 천만 다행이다.

그 외에도 집에서 우편물 들고 그것 쳐다보고 오다 몇 안 되는 계단 다 올라온 줄 알았는데 마지막 한 개에 걸렸다. 그때도 안 넘어 질려고 안간힘을 쓰다가 시멘트에 왕창 넘어졌는데 다행히 다친 곳이 없었다. 그렇게 그 해에 연속 큰 사고를 쳐서 나중에 보니 내 나이 만 69세, 믿지는 않지만 혹시 아홉 수 액땜이였나 생각했다. 그 여러 번 와중에도 뼈가 안 부러진 것이 나도 신기하여 병원가서 골다공증 사진도 찍어봤다. 골다공증 전조증이라나… 나보고 근육이 튼튼하여 골절이 잘 안된다고 해서 내 자신이 위로받은 기분이 되었다.

생전 처음 해본 파라세일링

2017년 10월 18일

안사돈과 나의 70회 생일 기념으로 두 부부가 한국 여행을 가기로
했다. 그러나 이북에서 미사일을 자꾸 쏘는 바람에 그만 취소가 되

었다. 그래도 그때 우리 간호사팀에서 동남아와 한국을 간다하여 나만 다녀왔다. 막상 가보니 평화롭고 좋기만했다.

타이랜드에서 파라세일링 때 다른 사람은 두 바퀴 돌고 내리는데 내가 탈때 돌풍이 불어 3번째 돌 때는 보너스를 받는것 같아 신이 났었다.

4번째 돌 때는 나역시 바람을 많이 느끼고 좀 불안해졌었다. 드디어 5번째 돌고 내리는 장면, 사진사가 한 사람씩 다 찍어준다. 그것이 70살 기념사진이 되었다.

이렇게 저렇게 일하는 사이사이 또 병 앓는 사이사이 여행을 할 수 있었던 것이 모두 다 감사하다. 잘 했다고 생각된다.

아들의 여자 친구

2019년 5월 28일

4월 11일 스페인 여행에서 돌아와 바로 아들한테 가려던 것이 비가 자주 와 이제서야 가게 되었다. 발목이 아파 많이 걸을 수는 없어도 운전은 상관없어 다행이다. 아들네 갈려면 높은 산을 하나 넘어가야 되는데 여기가 비가 오면 그 길은 눈이 오므로 폐쇄될 때가 많다.

그때 내가 한지 공예반에서 만든 작품도 선물로 가져갔다. 가서 밥도 좀 해 먹이고 집 청소도 해 주고 오는데 이제는 점점 힘들어진다.

그래서 내가 가고 싶어 전화할 때면 농담조로 "Carmen 필요할 때가 안 되었나?" 하고 물어본다. Carmen이라는 남미 여자가 우리 집 청소를 몇 십년 동안 아이들 초등학교 때부터 수고하여 주신 분이라 아이들도 친숙하다. 이번에 가보니 집 분위기가 좀 달라졌다. 넓은 집에 딱 필요한 가구만 있었는데 구석구석, 아기자기한 장식을 해 놓은 것이 눈에 들어온다.

그전부터 아들 집에 가면 혹시 여자가 왔다 간 흔적은 없나 살핀 적도 있었다. 이 나이까지 혼자 사는 것이 안쓰러워 혹시 긴 여자 머리카락은 없나하고 오매불망 찾기도 했었다. 수상하여 너희 집 분위기가 달라졌네 하고 말하니 "Women's touch!"(여자의 손길) 라고 하여 눈이 휘둥그래 물으니 2년 되었단다. 내가 적어도 일 년에 한 번은 오는데 왜 지난 번에 아무 말 안 했냐고 하니 그때는 서로 알아가는 단계, 확실치가 않음으로 말을 안 했단다.

또 2년 법칙이 나왔다. 그 여친은 직장이 산호세여서 그곳에 산다. 두 시간 반 정도 거리인데 서로 노는 날 오가는 것 같으다. 아들은 10시간씩 4일 일하니 갈 시간은 좀 많을것 같다. 그동안 솔로인지라 휴가, 공휴일 등에는 솔선하여 일을 하여 그 시간 모아 놓은 것도 많을 텐데 둘이 좋은 시간 많이 보내기를 바란다. 그동안 같이 여행도 다니고 했단다. 사진을 보니 인상이 좋아 다행이었다. 포르투갈 여자인데 푸근한 동양 여자 인상이 있다. 마침 내가 스페인, 포르투갈, 모로코를 다녀왔다. 포르투갈에서 산 코르크로 된 받침대를 주면서 쓰라고 하였다. 드디어 제 짝을 만난 것인지? 이제라도 만났다니 축복이고 내 마음이 놓인다.

페루 손녀 입양

2019년 6월2일 양 손녀 스테파니(Stephany) 입양

　페루에 있는 우리 선교지 교회에서 지역 활동의 하나로 우리교인들과 결연을 맺어주기 시작하였다. 그래서 나도 5살난 여자아이를 하나 맡기로 했다. 한 달에 35불씩 보내는 것이다. 우리 한국도 옛날 전쟁고아가 많았다. 그 가운데 외국의 후원을 받아 자란 사람들이 우리 또래에 많이 있다. 그들의 도움을 바탕으로 학교도 다니며 훌륭하게 자립한 사람들이 얼마나 많은지 모른다. 그 어려울 때 목숨까지 걸고 와서 한국에 병원, 학교 등을 세워준 선교사들 덕분으로 우리 한국이 이만큼 깨우치고 잘 살게 된 것을 우리는 다 인정한다. 내가 요즈음 유튜브로 인요한 박사님의 프로그램을 많이 보는 편이다.

　대대로 한국을 위하여 봉사하신 훌륭한 가문의 이야기를 들을 때 어떻게 그렇게들 할 수 있었는지 나로서는 그저 놀랍고 감동스러울 뿐이다. 그런 모든 것을 생각할 때 이 작은 자매결연은 아무것도 아니다. 똑똑하고 선하게 생긴 나의 양 손녀도 이다음 사회에, 교회에 필요한 훌륭한 사람이 되었으면 좋겠다. 지난 그 아이 생일 쯤에 교회에서 선교 가는 편에 생일 카드와 조그만 선물을 보냈다.

교회에서 매년 페루 선교를 하러 가는데 이제는 세대가 바뀌어 우리 노인들은 뒷전이고 사 오십대 젊은 교인들이 다닌다. 우리 교회는 섬김회가 있는데 각 섬김회 마다 전 세계에 퍼져 있는 선교사 한두 분씩을 도와준다. 내가 속해 있는 섬김회에서는 아프리카, 기니에서 교육사업을 하시는 선교사님을 오래동안 조금이나마 재정적으로, 기도로 봉사한다.

가끔 미국에 오시면 우리 교회도 오셔서 동영상 등을 보여 주시고 말씀도 전해주신다. 얼굴도 인자스럽고 인품 좋으신 50대로서 고생도 되지만 보람도 많을 것 같으시다. 옛날 한국의 언더우드 선교사처럼 영어도 가르치는 기독교 학교이다. 점점 더 유명한 학교, 높은 분들의 자제분들이 들어 오려고 하는 학교가 되었단다. 사모님도 풍토병을 앓으면서도 그렇게 훌륭하게 내조하고 계시고 아이들도 다 잘 자라서 미국에서 대학 생활을 시작하였다. 내가 못하는 것이라 그런 분들을 만나면 존경심이 저절로 생긴다.

다시 간암 시술을 했다

2019년 9월 26일 간암 수술을 하고 꼭 9년 만에 또 간암이 나타났

내 영혼에 찾아온 햇빛

다. 다시 또 이식센터로 보내졌지만 지난번 이식 없이 9년을 일생 최고의 컨디션으로 아주 잘 살았으니 한번 더 국소치료를 하기로 의논이 되었다. 그래서 내가 의사에게 이번 한 번 더해서 다시 9년만 살 수 있으면 그 다음에는 죽어도 좋다고 했다. 그래서 오늘 혈관을 통하여 그 암세포를 바로 죽이는 시술을 하였다.

수술도 아니니 크게 신경 쓰지 않고 하룻밤만 입원하고 집에 왔다. 그래도 며칠 있으니 속이 메스껍고 먹지를 못하겠다. 기운이 너무 없어 걱정이다. 다행히 얼마 지나고는 다시 정상이 되었는데도 다시 10파운드 몸무게가 또 빠졌다. 그전부터 조금 아파오던 발뒤꿈치가 몸무게가 빠진 후에는 온 몸의 모든 골격이 다 아파져 그 고생이 말이 아니다. 이렇게 생로병사가 몸소 느껴지는 것이 아직은 낯설지마는 어쩌랴… 2010년 수술후로 조금씩 올라가던 모든 성인병 숫자들도 다 정상으로 되고 확실히 건강이 좋아졌다는 증명이다.

바로 얼마 전까지만 해도 영원히 건강히 잘 살 것 같은 마음에서 이제는 순리에 복종해야 하는 때가 온 것인가 보다. 죽을병도 두 번이나 잘 보냈는데 요즈음은 발뒤꿈치로 시작한 병 아닌 병 때문에 행동에 제한을 받고 마음이 울적해진다. 게다가 코로나 때문에 미장원도 못가 머리도 장발에 흰머리, 이 코로나 스타일이 언제까지 지속할는지…

드디어 아들의 여친이 오다

2020년 2월 22일

드디어 처음으로 우리 아들이 여자 친구를 데리고 집에 인사하러 왔다. 나의 오매불망 소원이 이루어진 것 같다. 만난 지 거의 3년 되었으니 마음을 굳힌 것으로 받아들여진다.

포르투갈계 여자인데 첫 인상이 너무 좋아 다행이다. 이제야 아들이 좋다면 아무나 데려와도 될 것으로 생각했는데 나이 들어 만나니 좋은 점도 많다. 하는 짓이 너무 속이 깊고 예쁘게 말한다. 만나서 처음 내가 한 말은 우리는 "아들을 믿으니 너도 믿는다"였고 아들 여친은 "아들 착하게 잘 길러 주어 고맙다"고 나한테 인사한다. 우리 사위는 원래 일하는 날인데도 동료와 바꿔서 온 식구가 만났다. 딸네도 다 좋다고 환영이다.

아들네가 다녀간 후 3월 중순쯤 내가 간다고 하니 나와 함께 여자 친구까지 세 명이 1박 2일 여행을 간다고 예약하여 놓았단다. 생각만 해도 기특하다. 나와 함께 가 준다는 그 자체가 정말 고맙게 느껴진다. 결국에는 코로나 바이러스 파동 때문에 다 취소가 되었지만…

내 영혼에 찾아온 햇빛

발뒤꿈치와 세균과의 3차 세계 전쟁

2020년 4월

2018년 10월에 안 사돈과 나의 70세 기념으로 사돈네 부부와 함께 한국을 잘 다녀왔다. 그전 해에 갈려던 것이 그때는 이북에서 자꾸 미사일을 쏘아대서 애들도 말리고 우리도 불안하여 미루었던 여행이었다. 우리 사돈댁은 73년 한국 떠난 후 처음 가신 한국 여행이셨다. 그때도 가서 잘 걷고 하였다. 이번 2019년 3월 말에 스페인 포르투갈, 모로코를 여행하였는데 발뒤꿈치가 아파서 고생하며 다녀왔다.

그전에도 약간 그런 적이 있어 낫겠지 하였는데 이번에는 점점 심해진다. 여러 차례 의사한테 다녀봐도 진전이 없다. 뒤꿈치 아픈 것이 상상도 못하게 고통스럽다. 당해 보지 않고는 아무도 모를 것이다. 침, 뜸을 해가며 매주 나가던 운동, 그동안 노인 대학에서 처음으로 탁구, 배드민턴을 배워 너무 즐기고 있었는데 그런 운동을 할수 없다. 그대신 앉아서 하는 한지 공예반에 들어서 멋진 작품이 나오니 그것도 보람 있고 애들이 더 감탄하며 좋아하였다.

처음에는 바깥을 잘 못돌아다녀 우울해지기도 하여 시작한 것이 이 일기 쓰는 것이다. 아직은 머리에 어렸을 때부터 기억이 너무 생생한 것을 살려 쓰기로 했다. 그런 목적을 세워 놓으니 그래도 마음이 즐거워지고 활기가 생겼다.

그런 중에 코로나바이러스 감염이라는 것이 생겨 온 세계가 난리이다. 완전 세계 3차 전쟁이 난 것 보다도 더 무섭다. 눈에 보이지도 않는 세균과의 전쟁. 이제는 글로블 시대이므로 중국에서 시작한 이 병이 전 세계로 재빨리 확산이 되었다. 나라와 나라 사이, 지역과 지역사이 왕래가 통제되고 이제는 아이들 학교도 문 닫고, 교회, 식당들 심지어 가족 간에도 모일 수가 없는 이상한 세상이 되었다. 나는 발목이 아파 본의 아니게 거의 방콕 생활을 시작하였지만 "전 세계가 동참해줄 줄이야?" 하며 우스갯 소리를 한다.

가정의 모든 모임, 결혼식도 다 취소하고 특히 65세 이상 노인들은 완전 창살 없는 감옥 생활이다. 전 세계 경제 시장도 대혼란시대, 상상도 못 했던 새로운, 놀라운 일이 다 생겼다. 우리는 해 보지도 못했지만, 마켓에는 화장지를 사재기하여 선반이 텅 비고 물건이 들어오면 줄 서서 한 가정 한 팩만 살 수 있단다. 따지고 보니 현대인들에게 화장지가 없다면 음식 없는 것 보다 더 재앙일 것 같다. 또 따뜻해지면 발목 치료하러 한국도 가볼까 생각했었는데 지금은 그것도 언제가 될지 미정이다. 딸네 집도 갈 수가 없어 손녀들도 못보고 가끔 차 타고 와서 차 안에서 손 흔들고 가는 정도이다.

내가 젊어 일하던 80년대 초반에 AIDS가 처음 나와 엄격한 격리, 지금처럼 하였었는데 지금은 약이 나오고 다들 잘 살고 있다. 그 후 사스, 메르스, 이볼라 등 전염병이 돌았지만 이번같이 심한 것은 처음이다. 이 세상 종말이 오는 느낌이다. 우리 같은 노인네야 어차피 다 산것이나 마찬가지라 별 상관 없지만 다음 세대 걱정이 앞선다. 부디 건강하게 잘 살아다오.

노인 대학 한지공예반에서 만든 병으로
모두 유럽산 내프킨으로 만든 것이다.

내프킨으로 만든 액자

상 하
넓적한 유리병이라 각면을 다른 모양으로 꾸몄다.

노인대학에서 만든 한지공예 3D액자
화려한 색을 보면 기분이 좋아지는 내가 좋아하는 액자이다.

통역으로 만난 인생 스토리 #1

정신과 병동에서 통역이 필요하다고 부른다. 가보니 25살 한국 처녀가 별 욕을 다하면서 소리소리 지르고 입원 절차에 협조를 안 한다. 한창 나이에 너무 가엾은 생각이 든다. 특히 5월 지금 어머니날을 맞이하여 여러 가지 엄마에 대한 철학이 다시 생각난다. 그 처녀 엄마의 이야기인즉 남편의 폭력과 학대에 못 이겨 그 애가 어렸을 때 집을 나왔단다.

새엄마가 와서 그 아이를 너무 학대했다. 학교 갔다 오는 아이를 문을 안 열어주어 몇 시간이고 추운데도 대문 밖에서 기다리고 있게 했다. 정신적 트라우마가 심해 정신병이 되었다. 엄마가 미국에서 어렵게 사는 중에도 그 딸을 16살에 데리고 왔는데 행복보다는 엄마에 대한 분노로 매일 유리창을 깨고 엄마도 때린단다. 그동안 기도원에도 보내 보고 목사님 모셔다 기도도 해주고 하는데도 좀처럼 상태가 안 좋아 이렇게 정신 병원을 들락거린다.

그 엄마의 순간적 결정 때문에 두 사람이 모두 불행한 인생을 살고 있다. 하기야 옛날에는 여자가 너무 경제력이 없어 이런 경우가 많았다. 이민 초기 때 같은 아파트에 살던 이웃에 아주 시골 할머니가 아들네 집에 와서 손주를 돌봐주고 계셨다. 그분은 남편이 6남매

내 영혼에 찾아온 햇빛

자녀들이 어렸을 때 돌아가셨단다. 자식들 기르고 공부시키느라 너무너무 고생을 많이 하여 나이보다도 훨씬 늙어 보인다. 그 아들과 며느리가 얼마나 효자, 효부인지 주위에서 다 부러움을 샀다. 노모를 모시니 그 아들이 60마일도 더 떨어진 곳을 오가며 장사를 열심히 17년 정도를 하는 힘이 생겼을 것이다. 경제적으로도 아주 안정되고 손주들도 다 잘 성장하여 결혼하고 행복한 인생을 대대로 살고 있다.

그 아들네야말로 미국에 아무 연고도 없이 와서 공항에서 어느 목사님에게 이끌려 그 집에 갔다. 처음부터 살게끔 이런저런 도움을 받아 나중 자리 잡고도 계속 그 교회에 나가 신앙생활도 열심히 하고 있는 가정이다. 주위에 이런저런 인생살이를 보면서 느끼는 점은 확실히 고생 끝에는 낙이 오는 법칙이 맞다. 첫째는 엄마의 희생정신이 고귀한 인간과 사회를 만든다.

통역으로 만난 인생 스토리 #2

1990년에 일어난 일

이번에는 산실로부터 호출이다. 산실 앞에 서 계시는 친정어머니

뻘 되시는 여자분과 젊은 청년이 있어 자연히 아기 낳는데 오신 식구인 줄 알았다. 내가 불려간 이유는 이 산모가 힘은 안 주고 자꾸 정신을 잃어버린단다. 첫아이인데도 너무나 늦게 병원에 와서 이야기도 듣기 전에 산실 테이블에서 아기를 낳아야 하는 시점이다. 복도에 나가 이야기를 들으니 산모의 이모와 이종사촌이였다.

그 이모가 하시는 말씀이 이 조카가 언니의 무남독녀 아주 귀한 딸인데 필라델피아 대학에 유학을 와서 첫 번 한국 학생들의 모임에 갔다가 그만 원치 않는 임신이 된 것이다. 어린 나이에 애 떨어지라고 열 달 내내 거의 먹지도 않고 계단에서 뛰어내리기도 했는데 배가 점점 불러왔다. 산달이 되어가니 급하게 LA 이모네 댁으로 온 것이다. 근데 이모는 시댁 식구들도 있고 일도 해야 되므로 몰래 하숙집에 데려다 놓았다. 배 아프면 전화하라고 일렀는데 오늘 전화가 왔다. 보험도 없고 법적 체류자도 아니니 우리 시립 병원을 찾느라고 꽤나 오랜 시간을 보내고 바로 출산 직전에야 온 것이다. 그 이모님이 나를 보고 이 일을 자기 언니가 알면 절대 안 되니 아기를 입양보내야 되는데 어떻게 하면 좋겠어요? 걱정이 이만저만이 아니다. 그래서 여기는 입양 보내는 것은 문제가 안 되니 걱정 마시라고 안심을 시켰다.

우리 부서에 아주 똑똑하고 야무진 한국 간호사가 훤출하고 잘 생긴 미국 의사하고 결혼해서 말리브 좋은 집에서 잘 사는데 10년 가까이 아기가 없다. 그래도 항상 부부는 스키 타러 다니고 여행 다닌다. 남에게 아기 없는 것에 대하여 부러워하거나 원하는 티는 절대 없었다. 아침에 일을 왔길래 여기 밤새 이런 일이 있었다고 얘기하니 당장 자기가 그 아기를 입양하겠다고 변호사한테 전화하여 일사천리로 진행하여 며칠 후 데리고 갔다.

한 일 년이 지났다. 그 남편이 응급실 의사였는데 그 응급실에서 일본 엄마와 멕시코 남자 사이에서 아기를 낳고 양자로 보낼 것이라 하였다. 그 남편이 또 사내 아기를 데리고 왔다. 두 형제가 되어 별 큰 문제 없이 잘 길렀다. 지금은 벌써 대학도 다 끝내고 직장인이 되었다.

그 첫 한국 아이 돌 때 우리 직장 친구들이 세발자전거를 사 가지고 갔는데 아빠가 한쪽에서 조립해주면 아기가 한쪽에서는 다 엉망으로 만들었다. 다 망가트려도 얼마나 아기를 예뻐하며 참을성 있게 하는지 너무 보기에 좋았다.

그 간호사가 얼마나 현명하고 야무진 지 이야기를 좀 해야겠다. 94년경 남편이 응급실 근무에 진력이 나서 UCLA 마취과 의사 과정을 다니기로 되어 있는데 지진이 났다. 그 직후에는 집값이 확 내려갔다. 그때 이 친구가 머리를 써서 그 근처에 친정엄마에게 사준 조립식 주택이 방3 개짜리였다.

엄마를 K-town 한국 노인 아파트로 이사를 나가시게 했다. 자기

4식구가 엄마 집으로 들어가며 자기 살던 좋은 집을 고급 개인 요양원으로 개조하여 필리핀 부부를 채용하여 시작하였다.

바다가 보이는 정구장, 수영장도 다 있는 유명한 좋은 동네 좋은 집이다. 부자 백인들을 돌봄으로 남편 학비 등 걱정 없이 지내다 몇 년 후 그 사업이 잘되어 갔다. 페퍼다인 대학 근처에 방이 많은 큰집을 사서 홈케어를 그곳으로 옮기고 자기 식구들이 본 집으로 이사 들어왔다. 그때 시부모님은 플로리다에 사셨는데 아기 생일에 가보면 인자한 할아버지가 아기를 등에 태우고 말처럼 온 방안을 기어 다니신다. 아들 결혼 후 10년이 다 되도록 왜 아기가 없냐고도 한 번도 말씀을 안 하셨단다. 또 시어머니는 백인 할머니가 그렇게 허리가 꼬부라진 것은 나는 처음 보았다. 완전히 90도 각도이다. 큰집으로 홈케어를 옮겼다. 그 사이에 시아버님이 돌아가시자 시어머니를 모셔와 아주 좋은 며느리로 인정받고 살았다. 남편은 이 지혜로운 부인 50세 생일 때 아는 사람들을 몰래 초대해 완전 서프라이즈 파티를 해주었다. 잘 생기고 목소리도 우렁차고 좋은 카리스마 있는 남편은 마취 공부 끝나고 얼마 안 있다 UCLA 병원 간 이식 마취 팀장이 되었다. 그래서 내 동생 아팠을 때 한국식으로 다리를 놓아 그 남편 덕분에 진찰을 일찍 받을 수 있었다. 아니면 약속 날짜를 무척 오래 기다려야 된다. 여기도 조금은 그런 것이 통하였다.

응급실에서의 호출 #3

이번에는 응급실에서의 호출이다. 가보니 한국 환자가 부자 동네로 유명한 팔로스버디스에서 오셨다. 이곳에서 1시간 거리에서 실려 오신 여자 환자분이시다. 많아야 40대 초반 정도로 보이는 젊고 아름답고 키도 크고 완전 모델처럼 멋있는 부잣집 마나님 같으시다. 그런 분이 암에 걸리셔서 한국에서 치료받다가 소문 듣고 멕시코 티화나 어느 요양소까지 오신 것이다. 그곳은 자기 소변도 받아 먹어가며 치료한다는 곳인데 그런 분이 어떻게 그런곳까지 믿고 가셨을까 의문스럽다. 지푸라기라도 잡는 심정이었겠지… 그곳에서 상태가 좋아지지도 않아 여기 친척 집에 들르셨다가 상태가 안 좋아 그 동네 병원에 가니 불법 체류자, 방문객이니 멀리 이곳 시립병원으로 보내진 것이다.

이 시립병원 응급실은 거의 매일 정신 없이 바쁜 그야말로 도떼기시장이 따로 없다. 그러니 한국 귀한 마나님이 성질이 있는 대로 나서서 비협조적인 상태에서 직원들이 진땀을 흘리고 있었다. 미국도 옛날하고 많이 달라져 오래전에 오신 할머니들은 오셔서 바로 신청만 하면 생활비 돈이 나왔다. 병원도 불법체류자라도 이것저것 따지

지 않았다. 신분을 물어 볼 수도 없도록 되어 있었다. 요즈음 응급실
은 그때만 봐주고 입원도 안 시켜주고 차트 겉장에다 꽝 도장을 찍
는다. "No follow up" (연속치료 없음)

　그도 그럴 것이 원정출산이 유행하던 때 내가 일하던 산부인과에
서도 그런 부류로 보이는 한국 산모들이 가끔 있었다. 남편이 방문
올때 명품 지갑이 보기에도 부티가 나는 것이 우리 눈에도 가끔 눈
살이 찌푸려진다. 하도 불법체류자 때문에 미국이 골치를 앓아 야박
해지는 것인지 약아지는 것인지 모르겠다.

부록

옛날 이야기들

신애 언니 고맙습니다

1947년 5월 13일

이날은 내가 태어난 날이다. 그 이전에 우리 가족이 이 집에 얼마 동안 살았었는 지는 모르겠다. 북아현동 조그마한 한옥에서 태어나서 내가 11살까지 산 집이다. 우리 엄마가 항상 몸이 약하여서 나를 임신 중에도 많이 아프시다가 8개월 때 조산아로 태어났단다. 그때는 병원도 못 가보고 그렇게 집에서 아기를 낳을 때였다. 낳아 보니 넓적다리는 배배 꼬이고 솜털만 가득하였단다. 도무지 살 것 같지가 않아 윗목으로 밀어놓으셨단다. 그런데 한 이틀이 지나도 안 죽고 살아 있어 끌어다 엄마가 아파 모유도 안나오니 쌀 끓인 물에 설탕 조금 넣어 숟갈로 먹였단다.

그 당시는 분유, 우유, 젖병도 없을 때이니 그 방법뿐 인 것이다. 내 위로 10살 많은 언니가 있고 그 중간에 있던 아들 둘씩을 잃은 후였다. 나를 낳을 때는 아들을 많이 기대하였는데 딸에다가 8삭둥이로 태어나서 부모님에게 기쁨도 드리지 못하고 이제까지 사는 것이 신기하다. 그나마 남동생 셋을 보아 나중에는 좀 대우를 받았었다.

그래서 그런지 나는 잔병치레를 유난히 많이 하고 항상 기운 없이 지낸 것이 나의 인생의 반이다. 초등학교 2학년까지 학교는 반 이상 결석이고 동네에 계단이 있는데 나는 항상 네발로 기어 다녔다고 한다. 중이염도 자주 앓아서 지금도 기억이 생생한 것은 의사가 귀 진찰하려는데 나는 무서워서 그 사무실을 뱅뱅 돌며 안 잡히려고 울던 생각, 이제 생각하니 그때부터 우리 엄마는 간이 안 좋으셨던 것 같은 생각이 든다.

그래도 우리 아버지는 그때는 사랑 표현할 줄도 모르는 세대니까 그런 추억은 없다. 매일 바쁘시고 열심히 사신 분인데 나 역시 왜 이제야 이 맘이 드는 것인지… 다시 살아 계신 때로 거슬러 간다면 사랑해요, 고마워요, 안아 주며 많이 많이 표현하고 싶다. 그때 아버지는 저녁에 집에 들어오실 때마다 동네 어귀에서 꽈배기나 파래 얹은 샘배이 과자를 꼭 사가지고 오셨다. 그것으로 사랑표현 다 하신 것이나 마찬가지인데…

우리들 배고프게 안 하고 그런 것 사 오시는 고마움을 그때는 미처 모르고 지냈다. 우리 친엄마는 내 기억에 항상 아프시고 기운 없고 하시다가 1967년 52세로 돌아가셨다. 그때는 요즈음 같은 첨단 의료 진찰도 못 하니 동네 의원 다니며 매일 체했다고 하였다. 사람들이 어디가면 체한 사람들 목구멍에서 체한 음식도 꺼내는 용한 곳이 있다면 그런 곳에도 다니셨다. 점점 심해져서 추석 즈음에 서울

대학 병원에 걸어 들어가서서 28일 만에 돌아가셨다. 의사들도 위암이라고 하다 나중 다 돌아가실 때는 간암이라고 한다. 그때는 X-Ray 정도 찍는 것이 다였기 때문에 병원에서도 그렇다. 그때 우리 언니 친한 친구가 간호사가 되어 그 병원에서 일을 하여 특별히 잘 봐줘서 고마웠다. 나 역시 그 계기로 간호학을 하고 이렇게 미국까지 이민을 와서 평생 직업으로 살게 된 것을 참 감사하게 생각한다. 언니는 지금 딸들이 사는 S.F에 사시는데 몇 년 전 아들이 산호세에 살때 같이 한 번 방문했었다. 우리 아들 애기 때 독일에서 오서서 우리집에 좀 계시기도 했다. 우리 아들 어렸을 때 이야기 하며 한참을 웃고 지내다 돌아왔다. 신애 언니 고맙습니다.

6.25 전쟁 후 피난 갔다와서 살때 사진, 내가 5, 6세일 때이다. 동네 막다른 골목, 또래 여자
애들 7명을 금란이 아버지가 파고다 공원에 데리고가서 찍은 사진

내 영혼에 찾아온 햇빛

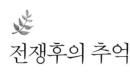

전쟁후의 추억

1953년

　부모님의 말씀에 따르면 우리는 피난을 두 번 갔었단다. 아버지 고향이 수원에서 서쪽으로 조금 가면 남양이라는 곳이다. 그렇게 멀지 않은 곳이어서 금방 올라왔더니 1.4후퇴가 되어 또 내려갔단다. 처음 전쟁이 터질 때 내가 3살이었는데 언니의 말로는 매일 빨래판을 업고 다니며 궁둥이를 땅에 안 붙이고 돌아다녔는데 딱 피난을 가는 길에는 조금도 걷지 않으려고 하였다고 한다. 10살 위의 언니가 업고가다 어느 언덕에서 산딸기 따서 먹여서 조그마한 언덕 하나 걸어갔고 내내 업고 갔단다. 그때 생각은 하나도 나지 않지만 몇 년 후인지 두 번째 피난에서 돌아온 풍경은 생각이 난다. 집에 들어서니 마당에 잡초가 많이 커져 있고 광에다 큰 독을 묻고 그 안에 넣어 놨던 밥그릇 등 집기들 꺼내는 풍경은 생각이 난다. 북아현동, 서대문 독립문 쪽으로 가는 큰 언덕이 있었는데 반대쪽은 다 일본 사람이 살다간 적산가옥이고 우리 쪽은 한식집이 거의다.

　막다른 골목에 있던 우리집. 그곳의 추억을 나는 평생 잊을 수가 없다. 막다른 골목 끝 집에 수옥이, 그다음 집은 그 당시 아버지가 신촌에 있는 창천 초등학교 선생님, 엄마도 신여성 멋쟁이, 두 딸 이름은 언니가 민자, 내 또래 동생이 경자, 또 우리와 붙은 집에 영분이, 우리집 아랫방에 세든 집은 이북에서 피난 온 금란이와 금옥이 딸이 둘이다. 자상한 금란이 아버지는 그때 단칸방에서 4식구가 살면서 또 가내공업으로 옷솔을 만드셨다. 얼마나 자상하신지 저녁 때만 되면 온 동네 여자애들을 불러 놓고 옛날 얘기도 해주고 낮에는 파고다 공원도 데리고 가서 사진도 찍어줘 지금 내 어린 시절 사진은 그 아버지가 찍어 준 것 외에는 없다. 이북에서는 부자였는지 그때 보기 드문 일본 카메라도 있어 우리들은 신기해 하였다. 영분이네 세든 사람들은 병이 있어 골목 어귀 햇빛 좋은 곳에 배는 남산만하고 얼굴과 다리는 퉁퉁 붓고 누렇게 뜬 사람이 하루 종일 쪼그리고 앉아 하루를 보냈다. 그때는 의료 혜택도 없고 그렇게 지내다 죽어 나간다. 그 집에서만 두세 번 그렇게 사람이 연거푸 죽어 나갔다. 그때는 사람이 죽으면 대문 앞에 무슨 등불을 켜 놓았는데, 나는 그때, 그것이 너무너무 무서워 대문 밖을 못 나갔었다.

그 동네 뒤에 작은 언덕, 무를 키우는 밭이 있어 우리 아이들은 무 장다리 꺾어 먹으러 자주 가는 곳, 한 번은 남대문 시장에 대형 불이 나서 온 동네 사람들이 그 언덕에서 불구경한 생각. 그때는 고층 건물이 없으니 다 보였으니까. 어릴 때 같이 지내던 수옥이, 민자, 경자, 영분이 금란이 등등 이 나이까지도 문득문득 그립다. 어느 하늘

아래에서 다들 잘 지내고 있는지. 내가 4학년때 이사 나온 후로는, 그때는 전화도 없으니 서로 연락이 없고 끝이다. 늙어 갈수록 항상 마음 한편에는 그립고 찾고 싶어진다.

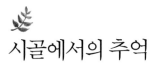

시골에서의 추억

1957년

내 기억에는 피난 가서 살던 우리 큰댁을 나하고 언니는 거의 매 여름, 겨울 방학 때마다 다닌 것 같다. 처음 기억은 8살, 혹은 10 살 때 부터이다. 그때 딸만 셋인 우리 큰댁 큰 언니가 서울 우리 집에 와서 이화여고를 다녔었다. 큰아버지는 고향 시골에 중학교를 설립 하여 교장으로 계시다가 은퇴하여 사랑채에서 서당을 하고 계셨다.

우리 부모는 일하느라 바쁘고, 엄마는 또 몸이 약해 항상 힘들어 하시고 그래서 우리를 더 시골에 보내셨나 보다. 서울에서의 추억은 거의 없고 그 방학 동안 시골에서 지낸 생각만 난다. 큰아버지도 자 상하셔서 매일 화로 앞에서 나를 무릎에 앉히시고 손가락을 잘근잘 근 깨물어 주시며 예뻐해 주셨다. 우리 아버지 형제가 다섯인데 이 분이 제일 장남이고 우리 아버지는 막내이시다. 그래서 큰아버지는 그때 벌써 하얗게 센 머리에 여름에는 흰모시 한복만 입으시고 산신령 같으셨다. 또 서당에 다니는 총각들이 썰매를 만들어 우리 사촌 동생과 논에서 썰매 태워주고 금줄 바위에 올라가 놀던 일.

큰엄마는 손도 빠르시고 부지런하여 맛있는 음식도 쉴 사이 없이 해주신다. 큰엄마가 겨울에는 다락에 해 놓으신 살얼음 얹은 식혜, 또 얼은 연시감, 호박고지 넣은 떡. 여름이면 늙은 오이 무친 것, 마당 평상에서 고추장 넣고 맛있게 비벼 먹던 일. 큰댁 마당 가운데 향나무가 있어 따다 넣고 먹물 갈아서 붓글씨 쓰던 일, 집 앞에 이끼가 많이 끼어 있는 물맛이 너무나 달았던 우물, 뒷산에 밤나무, 옆 마당에 심으신 토마토 따 먹던 일, 그때는 토마토는 잘 먹어도 그 잎줄기에서 나는 냄새가 너무 싫었었는데 이제는 그 냄새가 너무 좋다.

새엄마의 드라마 같은 일생

우리 친엄마는 1967년도 10월에 52세로 돌아가셨다.

그런데 1년도 채 안 되었는데 시골 큰어머니 여동생에게서 중매가 들어왔다. 혈혈단신 부지런한 여자이니 놓치지 말라면서…

그때는 내가 20살, 밑으로 남동생만 셋이 있으니 참 잘되었다 하고 우리도 다 찬성하여 엄마 돌아가신지 일 년도 안된 시점에서 조금 이른 감은 있었지만 그렇게 우리 집에 들어오셨다. 오신 지 얼마 되지 않아서 그때 한국에 처음으로 주민등록증을 만든다고 하여 새 엄마는 고향 경남 의령에 호적 만들러 가시게 되었다.

그때 우리 형부 본가가 부산이라 형부가 어머님께 부산역에 사돈 마중 나가시라고 연락을 했다. 그래서 언니 시어머님이 부산역에 마중 가서 어떤 아주머니를 만나 기다리며 이런저런 이야기를 했다. 그분이 "우리 언니가 남매를 남겨 놓고 25년 전에 행방불명이 되어 죽은 줄 알았는데 이렇게 살아서 온다"고 하시더란다. 근데 나중에 보니 같은 한 사람을 기다린것이었다. 그래도 형부 어머니는 우리 집에 분란이 날까 봐 오랫동안 말을 안 하시다 결국에 영원한 비밀은 없다고 아들에게 이야기하고 또 한참 후에는 우리 언니가 알게 되어 그때부터는 우리가 모두 그 엄마를 불신하고 가증스럽게 여겼었다.

우리 집에 들어오실 때 말씀하신 이야기는 일본에 살다가 3남매를 데리고 한국에 오는 배 안에서 세 아이가 다 홍역으로 죽었다고 하였었다. 그 후 내가 미국에 온 후에 그 엄마 아들이 몰래 찾아와 돈도 뜯어가고 술로 지내는 자였던것 같다. 내가 떠난 후라 자세히는 모르지만, 하루는 우리 집에 경찰이 찾아와 그 아들이 엄마가 준 돈을 가지고 여관에 자다가 도둑을 맞았다. 그 돈 출처를 물어보니 이 엄마가 줬다고 하여 확인하러 온 것이었단다. 이 아들은 아직도 한창인 나이에 술을 너무 마셔 간암으로 나중에 죽었다고 한다.

내가 그때 둘째 아이도 낳고 일을 다니느라 힘들 때라, 이 엄마를 여기에 모셔오고 우리 모든 친정 식구들도 2~3년 후에 다 오게 되었다. 새엄마는 여기 오셔서도 얼마나 억척으로 돈을 버시는지 모르겠다. 어차피 우리 아이들을 보는데 동네 아이들도 봐주고 동네 도토리나무 가로수에서 열매를 주워 가지고 도토리묵, 가루를 만들어 꽤 짭짤한 수입을 올리시고 유명한 묵 할머니가 되셨다. 그때는 오자마자 정부에서 매달 돈을 주어 미국 대통령이 장남이라고 한국 교민 노인들이 다들 좋아하셨다.

나는 매일 일만 다니니 모처럼 노는 날 우리 아들 안아 주려고 오라고 하면 쪼르르 할머니에게 달려가 목을 끌어안고 매달려 나를 섭섭하게 했었는데 나중 부모님이 노인 아파트 얻어 이사 나갈 때 아이들이 상처받을까 걱정했는데 확실히 엄마는 엄마인가 보다. 너무 이상할 정도로 아무렇지 않게 지내 지금도 우리 손녀딸들을 내가 이해를 더 잘하게 되었다.

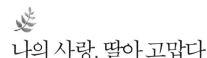

나의 사랑, 딸아 고맙다

지면을 빌어 딸에게 감사하다는 말도 하고 싶어진다. 아들도 물론 여러가지로 고맙지만 항상 멀리 살고 있고 아직까지 손주 선물도 주지 않고 사니 일단은 돈 주고도 못사는 손녀들 선물 때문에 그 무엇과도 바꿀 수 없는 행복을 맛보게 한다. 게다가 부모찾아 고향으로 돌아와 주어 너무 편리하고 손쉽게 지내왔다.

애기들 어렸을 때에는 우리 딸 역시 부모없이 멀리서 혼자 애들 기르면서 얼마나 외롭고 힘도 들고 부모들에게 못보여주는 것이 얼마나 안타까웠을 지 상상도 할 수 없었단다.

나 또한 가까이에서 손녀들 자라는 것을 보며 보람도 느끼며 많은 것을 깨우치며 배웠다. 그동안 무수한 휴가 때도 같이 부쳐주어서 애들 하고의 추억도 많이 만들었다.

이제는 다 커서 틴에이저가 되니 만나도 하이! 한 마디 하고 각기 제 방으로 들어가지만 어릴적 같이 다닐 때가 정말 적기에 좋았었지.

몇 년 전 아빠들 칠순이라고 (바깥 사돈과 우리 남편은 동갑에 생일도 이틀 상관이라 매년 같이 상을 차린다) 양가 부모 모시고 하와이 디즈니 알라니(AULANI Resort) 에 갔었지. 비록 겁이 나지만 아이들 따라 하려고 용기를 내어 물미끄럼도 타고 레이지 리버(게으른 강)에서 튜브를 타고 둥둥 떠다니기도 했지. 애들이 수영장 물속에서 머리를 확 뒤로 제치고 나오면 머리가 일본 게이샤스타일로 되는 것이 웃으워 우리 사돈과 나는 배꼽 빠지게 웃었고, 우리가 재미있어 웃으니 아이들은 더 하고.... 너무 멋있는 곳에서 꿈 같은 일 주일을 보낸 것도 간직하고 싶은 추억이 되었다.

이제 나이들어 몸도 여기 저기 아파지니 그런 추억 때문에 혼자일 때에도 입가에 웃음이 지어지고 공연히 행복한 마음이 드는 것이 좋다. 맴머스에 갈 때에도 나는 여러가지 게임도구며 카드를 준비해 저녁 시간에 재미있게 지냈었다. 아이들이 크니 이제는 그런데는 관심이 없어지고 각자 아이패드 하나씩 들고 서로 게임하고 노니 완전 세대차이가 느껴진다.

옛날 우리들 어렸을 때 부모 세대가 무식하다고 생각했던 것처럼 어느 사이 내가 그 자리에 와 있는 것이 꿈만 같고 서글퍼 지기도 한다.

큰 손녀 낳고 바로 채용한 베이비시터가 아직까지 필요할 때에는 언제나 애들 돌보고 있으니 우리 부모들은 가끔 도와주고 예뻐해 주러만 다니면 된다.

딸아, 고맙다. 너라도 우리에게 이런 귀한 기회 준 것을.

착한 사위야, 항상 너그럽고 유머러스하게 좋은 아빠가 되어주어 너무 너무 고맙고... 너무 사랑해....

내 영혼에 찾아온 햇빛

저로서는 그동안 문학적인 소질도 없고 글이라곤 써보지도 않았지만 이번 기회에 일기 형식으로 쓰다보니 그래도 책 한 권이 되었습니다.

막상 책으로 나온다니 부끄럽습니다. 그동안 좋은 일이나 위대한 일을 한 것도 아니고 그저 평범한 서민으로 하루 하루 살아온 것을 보태거나 빼지 않고 있는 그대로를 나 이외의 다른 사람들이 다 알게 되어서....

거의 반세기 동안 이역만리 멀리서 서로 만나지 못하고 살던 친지들에게 어느 정도는 이민자의 삶의 현장이 짐작이 되리라 생각합니다. 많은 이민자들이 피땀 흘려 돈 벌어 자식들을 비싸고 명성있는 대학에 보내 자랑스러운 2세로 배출해 왔습니다. 그러나 좋은 대학을 나온다해도 100% 모두가 일류가 될 수 없는 세상에서 그렇지 못한 내 이야기가 또 다른 희망이 되었으면 합니다.

사는 것은 다 각자의 성격이나 취향이 다르듯이 천차만별 입니다. 그 안에서 아이들이 나쁜 길로 빠지지 않고 나름 좋아하는 것을 하며 각자의 위치에서 당당하게 살아 가는 것으로 행복할 수 있습니다. 서로 사랑하며 헛된 욕심 부리지 않으면서 잠깐 왔다가 가는 인생. 내 나름으로 단순하게 만족하며 감사하며 살렵니다.

　끝이 언제인지는 알 수 없지만 별안간 팬데믹으로 인하여 과외 시간의 여유가 있을 때 부담없이 읽어 주신다면 감사하겠습니다.

내 영혼에 찾아온 햇빛

내 영혼에 찾아온 햇빛

재영이의 연도별 미국 이민 일기

■
초판 1쇄 인쇄 / 2020년 7월 10일
초판 1쇄 발행 / 2020년 7월 15일

지은이 | 김 재 영
펴낸이 | 민 병 문
펴낸곳 | 새한기획 출판부
■
편집처 | 아침향기
편집주간 | 강신억
■
주   소 | 04542 서울특별시 중구 수표로 67 천수빌딩 1106호
T E L | (02) 2274-7809 / 070-4224-0090
F A X | (02) 2279-0090
E-mail | saehan21@chol.com

미국사무실 • The Freshdailymanna
2640 Manhattan Ave. Montrose, CA 91020
☎ 818-970-7099
E.mail • freshdailymanna@hotmail.com
■
출판등록번호 | 제 2-1264호
출판등록일 | 1991. 10. 21

값 13,000원

ISBN 979-11-88521-23-4 03230
Printed in Korea

사돈댁과 함께 두 아버지의 칠순 기념으로 하와이 여행을 갔다

할로윈데이 복장을 한 손녀들

남편 칠순 기념으로 동창들과 함께
알래스카 크루즈를 갔을 때

사돈네 식구들과 함께 명절을 보냈다

always take the high road. - JOHN C. MAXWELL

you can get what you want or you can just get old. - BILLY JOEL

take a sad song and make it better. - THE BEATLES

ziggy played guitar - DAVID BOWIE

we're just waiting for the hammer to fall. - QUEEN

the forest will echo with laughter - LED ZEPPELIN

is this the real life? is this just fantasy? caught in a landslide. no escape from reality. open your eyes, look up to the skies and see. im just a poor boy, i need no sympathy. because im easy come, easy go. a little high, little low. anyway the wind blows, doesn't really matter to me, to me.

"all that is gold does not glitter, not all those who wander are lost; the old that is strong does not wither, deep roots are not reached by the frost. from the ashes a fire shall be woken, a light from the shadows shall spring; renewed shall be blade that was broken, the crownless again shall be king." - GANDALF

"home is b the world and ther many p tre — TF

far over the ty mountains d to dungeons s & caverns old, we must away break of day ek the pale

"a journey of a thousand miles begins with a single step."

손녀가 엄마의 직장 동료의 청첩장을 만들었다.
물론 격려금을 받았다.
이것도 인터넷에서 혼자 배운 것이다.

뮤지칼 미스 사이공 주연 배우를 만나 초청을 받았다.
손녀가 정성껏 그려서 준비한 감사 카드

큰 손녀 가 친구에게 그려준 선물 이다 (11세 때)

큰 손녀는 2005년 1월 1일 생이다. 2살 9개월 때였다.
단골로 가는 일식당 앞 분수대에서 동전을 던지며 소원을 말하라고 했다.
"나는 신용카드가 필요해"

손녀가 3살이 되었을 때 할아버지가 베이비싯을 임시로 했다.
시간이 너무 오래 지나서 할아버지는 일어서려고 했다.
손녀는 할아버지에게 베이비 싯하던 중 갈수 없다며 막아섰다.

손녀가 4살 되기 1개월 전 크리스마쓰 선물로 소꿉장난용 부엌세트를 받았다.
너무나 재미있게 놀기에 할머니도 너랑 함께 여기서 살아야겠다고 했다.
손녀의 대답은 "안돼요. 한 번 결혼한 사람은 남편과 살아야 해요"

손녀가 4살 되었다. "우리 아빠는 나를 매일 버릇없이(spoils) 만들지만 나는 썩지 않았어요"

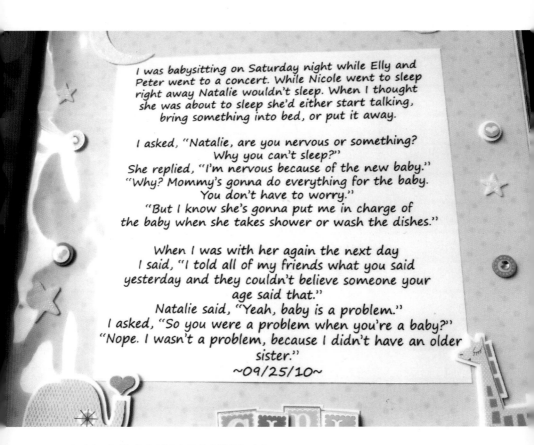

I was babysitting on Saturday night while Elly and Peter went to a concert. While Nicole went to sleep right away Natalie wouldn't sleep. When I thought she was about to sleep she'd either start talking, bring something into bed, or put it away.

I asked, "Natalie, are you nervous or something? Why you can't sleep?"
She replied, "I'm nervous because of the new baby."
"Why? Mommy's gonna do everything for the baby. You don't have to worry."
"But I know she's gonna put me in charge of the baby when she takes shower or wash the dishes."

When I was with her again the next day I said, "I told all of my friends what you said yesterday and they couldn't believe someone your age said that."
Natalie said, "Yeah, baby is a problem."
I asked, "So you were a problem when you're a baby?"
"Nope. I wasn't a problem, because I didn't have an older sister."
~09/25/10~

손녀가 5살 일 때 딸 부부가 함께 음악회에 갔다.

내가 손녀들을 돌보는데 작은 손녀는 금방 잠이 들었다. 그러나 큰 손녀는 잠을 쉽게 못잔다.

내가 "너 무슨 문제 있니"라고 물었다.

"동생이 태어나면 문제"라고 했다. (엄마는 임신 4개월쯤 되었다.)

"엄마가 다 알아서 할 텐데 왜 네가 문제냐?"고 물었다.

"엄마가 샤워나 설거지를 할 때 애기를 내가 책임을 져야 하는데 그게 걱정이예요"

"너도 애기 때 문제거리였나?"

"아니요. 나는 언니가 없었기 때문에 아무런 문제가 없었어요"

둘째 손녀 Nicole 2007년 2월 26일 생
둘째 손녀가 코로나 바이러스로 학교를 가지 못할 때,
이 그림을 그려서 코로나 소녀라 부른다.

니콜이 3살 때. 방구를 뀌었다.
아이 엄마가 "너 지금 방구 뀌었지?"라고 물었다.
손녀의 대답은 "아니요. 내 엉덩이가 깊은 숨을 쉬었어"

셋째 손녀 Nola 2011년 1월 9일 생
놀라의 첫돌 초청장. 우리들의 영원한 애기이다.

놀라의 돌잔치에 딸의 필리핀 직장 동료가 여러가지 예쁜 컵케익을 만들어 왔다.

놀라의 초등학교 2학년 때 그린 것

막내 손녀 초등학교 1학년 때 그린 것

초등학교 2학년 때 그린 것